오늘의 말씨

오늘의 말씨

펴낸날	**초판 1쇄** 2024년 9월 27일
지은이	신현종
펴낸이	강진수
편 집	김은숙, 설윤경
디자인	Stellalala_d
인 쇄	(주)사피엔스컬쳐
펴낸곳	(주)북스고 **출판등록** 제2024-000055호 2024년 7월 17일
주 소	서울시 서대문구 서소문로 27, 2층 214호
전 화	(02) 6403-0042 **팩 스** (02) 6499-1053

ⓒ 신현종 2024

- 이 책은 저작권법에 따라 보호를 받는 저작물이므로 무단 전재와 무단 복제를 금지하며,
  이 책 내용의 전부 또는 일부를 이용하려면 반드시 저작권자와 (주)북스고의 서면 동의를 받아야 합니다.
- 책값은 뒤표지에 있습니다. 잘못된 책은 바꾸어 드립니다.

ISBN   979-11-6760-081-3   03810

책 출간을 원하시는 분은 이메일 booksgo@naver.com으로 간단한 개요와 취지, 연락처 등을 보내주세요.
Booksgo는 건강하고 행복한 삶을 위한 가치 있는 콘텐츠를 만듭니다.

예쁜 말과 마음으로 호감을 만드는 말공식

오늘의 말씨

신현종 지음

Booksgo

● 차례

프롤로그 … 009

PART 01 긍정의 씨앗을 심다 : 생각의 힘

① 긍정의 첫걸음 : 긍정적인 마음가짐의 시작
긍정의 씨앗 016 | 어떤 씨앗을 뿌릴까요? 018
뿌리 깊은 나무 021

② 희망의 씨앗 : 작은 희망이 주는 큰 힘
긍정의 마음을 품으세요 024 | 긍정적인 마음이란? 026
긍정적인 마음을 키우는 3가지 028

③ 긍정 에너지 : 행복 전도사
주변을 사랑하는 법 031 | 지금 행복한가요? 032
자존감 높이는 법 036 | 실패가 필요한 이유 039

④ 일상 속 긍정 찾기 : 긍정적인 순간들을 발견하는 법
행복하자, 오늘도 043 | 고생했어, 오늘도 045
오늘이 가장 소중한 순간 047 | 긍정 확언 메시지 050

⑤ 긍정적 사고 훈련법 : 부정적인 생각을 긍정으로 바꾸다
행복을 끌어당기는 사람들의 비밀 054
긍정적인 에너지로 삶을 채우세요 056
행복을 끌어당기는 생각들 059

⑥ 감사의 나비효과 : 감사하는 마음이 주는 변화
덕분에 063 | 감사, 변화를 일으키는 힘 065 | 감사 일기 068

PART 02 꽃피는 말씨 : 진심을 전하는 말

① 예쁜 말의 중요성 : 대화의 꽃을 피우다
예쁘게 말해요 076 | 예쁘게 말하는 것, 왜 중요할까요? 078
상처를 주는 말과 배려하는 말 081

② 말의 온도와 색 : 목소리가 주는 따뜻함과 차가움
당신의 목소리는 어떤 색인가요? 084 | 자신만의 목소리 찾기 086
부드러운 목소리를 위한 핵심 훈련 3가지 : 호흡, 공명, 감정 088

③ 화법의 중요성 : 부드럽게 말하는 법
무지개 발성법 100 | 무지개 발성으로 말해요 102
말끝에 물결을 더해 보세요 104 | 웃으면서 말해요 106

④ 미소의 효과 : 마음을 여는 열쇠
미소는 만능열쇠 109 | 마음의 문을 여는 법 111
미소 훈련 3가지 113 | 비언어적 커뮤니케이션의 중요성 114

⑤ 언어의 포장 : 긍정적인 표현법
정성스럽게 포장해요 117 | 선물을 포장하듯 정성스럽게 말을 해요 119
부정적인 표현과 긍정적인 표현 123

⑥ 현명한 대화법 : 갈등을 해결하는 말
갈등을 해결하는 대화법 127
현명한 대화법 : 이해, 긍정, 방향 전환의 힘 128
강요와 제안 132 | 강요하지 말아요 134

PART 03 좋은 인연을 만드는 대화법 : 소통의 기술

① 칭찬의 힘 : 고래를 춤추게 하는 법
기분 좋은 칭찬 142 | 진심 어린 칭찬의 힘 144 | 부메랑 같은 말 147
마음의 구두쇠 149 | 칭찬의 기술 5가지 151

② 수다의 힘 : 대화의 기술
프로 수다꾼 155 | 아임 파인 땡큐! 157
대화의 정석 5가지 159 | 소통의 원칙 3가지 165

③ 언어의 품격 : 호감 가는 대화법
언어 스타일링 167 | 이 자식! 169
후회를 남기지 않는 말 습관 3가지 171 | 혹시 스크류바세요? 177
대화하기 좋은 유형 3가지 179 | 대화하기 싫은 유형 3가지 181
품격 있는 말하기 185

④ 몰입을 만드는 말 : 말 잘하는 법
연주하듯 말해요 188 | 연주하듯 말하는 법 189
와다다다다다다다다! 195 | 매력적인 대화법 3가지 201

⑤ 한마디로 신뢰를 얻는 법 : 태도와 자세
신뢰의 씨앗 204 | 신뢰감을 주는 법 206
신뢰감 있는 말투 3가지 212

⑥ 감정을 전달하는 법 : 빠져드는 대화법
감정을 구체적으로 216 | 맛 표현의 장인 218
다양한 상황별 묘사 221

PART 04 마음을 채우는 별이 되다
: 용기와 위로를 주는 말

① 조명 같은 사람 : 나를 아끼고 주변을 밝히는 법
조명 같은 사람 228 | 너무 애쓰지 말아요 229 | 등불 같은 사람 231

② 따뜻한 위로의 말 : 마음을 녹이는 한마디
위로의 편지 234 | 충전기 같은 사람 236 | 위로의 중요성 238

③ 위로의 말 : 지친 마음을 달래주는 따뜻함
누군가를 위로하는 법 241 | 위로를 건네는 법 5가지 243

④ 공감의 중요성 : 마음을 나누는 법
공감의 나무 248 | 공감의 기술 250

⑤ 조언의 무게 : 말이 지닌 영향력
모르는 게 약인데요? 256 | 모르는 게 나을 때가 있습니다 258
조언의 기술 261 | 참 잘했어요 263

⑥ 썩은 사과의 법칙 : 인간관계의 중요성
썩은 사과 같은 사람 266 | 긍정적인 인간관계의 중요성 267

PART 05 용기의 씨앗을 심다
: 발표 두려움을 극복하다

① 불안과 걱정 다스리기 : 두려움을 용기로
하지 말라고 하면 더하고 싶어져요 274
두려움 극복을 위한 초점 전환의 힘 276
초점 전환 10가지 278

② 떨림을 설렘으로 : 두려움 극복하기
설렌다 282 | 두려움을 용기로 바꾸는 법 283
스스로 뇌를 속이는 습관 286

③ 역설적인 심리 : 떨림 즐기기
불안을 즐겨 보세요 290 | 에라 모르겠다 292
완벽하게 할 필요 없습니다 295

④ 두려움 숨기기 : 약점 말하지 않기
말의 안개 299 | 자살골을 넣지는 말아요 301
불안을 열정으로 304

⑤ 자신감 있는 말투 : 당당하게 말하기
자신감을 키우는 법 308 | 자신감 있게 말하는 법 309
자신감 있는 말하기 연습 312

⑥ 당당한 자세 : 자신감을 만드는 몸짓
척하다 보면 그렇게 된다 : Fake it till you make it 317
파워 포즈 322

에필로그 324

● 프롤로그

오늘의 말씨, 매우 맑음
안녕하세요, 말씨 캐스터 신현종입니다!
오늘의 말씨는 매우 맑고 청량합니다

가볍게 부는 바람에 나뭇잎이 살랑이듯이,
소중한 사람을 향해
부드러운 말씨를 건네는 것은 어떨까요?

오늘도 그리고 내일도
전국에 맑은 말씨가 예상됩니다!

이상 오늘의 말씨였습니다.

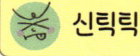 **신틱틱**

안녕, 난 신틱틱이야!
나는 늘 틱틱거리지! 푸하하!

"밥은 먹었냐!?"
"잠은 잘 잤냐!?"
말은 이렇게 해도 알지?
내면은 따뜻한 친구라고!

알고 보면 착한 애! 그게 바로 나야!
하지만 사람들이 자꾸 오해해서 속상해…

 신무지개

안녕~ 난 신무지개야~
나는 늘 무지개처럼 말을 해~

"밥은 먹었니~?"
"잠은 잘 잤니~?"
나는 내면도, 말도 모두 따뜻한 친구라고!

같은 말도 이왕이면 부드럽게 말하는! 그게 바로 나야~
예쁘게 말하면 나도 상대방도 기분이 좋거든!

판결문

- 피고인 신틱틱을 예쁘게 말하기 3년형에 처한다.
- 3년간 피고인을 묵언 수행자에 유치한다.

〈화법 제1조 7항〉
틱틱거리고 뾰족한 말은 상대방에게 상처를 주게 되므로 하여서는 아니 된다.

>
> 따뜻한 내면을 가졌어도
> 신경질적이고 욱하는 말투는
> 상대방에게 상처를 남겨요.
>

PART 01

긍정의 씨앗을 심다

/

생각의 힘

말에는 씨앗이 있어요

"나는 안될 거야…"
부정의 씨앗보다

"나는 할 수 있어!"
긍정의 씨앗을 뿌려요

긍정의 첫걸음

긍정적인 마음가짐의 시작

말은 씨앗

마음은 밭이랍니다

오늘의 말씨가

내일의 꽃을 피우지요

긍정의
씨앗

긍정의 씨앗은 긍정의 열매를,
부정의 씨앗은 부정의 열매를 맺습니다.
당신은 지금 어떤 씨앗을 뿌리고 있나요?

"나는 못해…"
"나는 할 수 없어…"
"너는 그래서 문제야!!"

예쁜 마음씨를 가진 당신,
예쁜 말씨로 긍정적인 말을 해 봐요.
"나는 할 수 있어!"

"너는 참 대단해!"

부정적인 말 습관은 피해야 해요.
부정적인 언어는 무의식적으로
뇌 깊숙이 각인되어 나를 조종하니까요.
시작도 하기 전에 포기하는 습관,
시작조차 하지 못하는 습관은
평소 내가 뱉은 말에서 비롯됩니다.
평소 어떤 말씨를 뿌리냐에 따라 수확할 열매도 달라지겠죠?

나에게도, 상대방에게도 긍정의 씨앗을!
우리 모두 긍정 농부가 되어 봅시다!

말이 씨가 됩니다.

어떤 씨앗을
뿌릴까요?

 매일 많은 말과 생각을 하며 하루를 보냅니다. 당신은 어떤 말과 생각을 하고 있나요? 말과 생각은 씨앗이 되어 삶에 긍정의 열매를 맺기도 하고, 부정의 열매를 맺기도 합니다. 긍정은 가능성의 씨앗, 부정은 두려움의 씨앗입니다. 오늘 뿌리는 씨앗에 따라 수확할 열매도 달라질 수 있습니다.

 부정적인 언어는 무의식적으로 뇌에 각인됩니다. '나는 부족하다', '나는 할 수 없다'라는 생각은 자신감을 잃게 하고, 시도도 하기 전에 포기하게 만듭니다. 이런 부정적인 사고방식은 반복될수록 삶을 제약하는 패턴이 됩니다. 매일 자신에게 "나는 안 돼"라고 말하면, 새로운 도전을 두려워하게 되고 성장의 기회를 놓치게 됩니다.

 반면 긍정적인 언어는 마음에 좋은 영향을 미칩니다. "나는 할 수 있어!"라는 긍정적인 말은 문제를 해결하는 데 필요한 힘과 용기를 줍니다. 긍정적인 언어는 우리의 행동을 변화시키고, 긍정적인 결과를 가져오는 원동력이 됩니다.
 매일매일 나에게 "나는 할 수 있다"라는 말을 건네 보세요. 긍정적인 셀프 대화로 나의 능력을 믿고, 긍정적인 사고를 키워 보세요. 긍정적인 삶을 만들어 가는 첫걸음입니다.

 누구나 긍정의 씨앗을 뿌리는 농부가 될 수 있습니다. 긍정적인 언어와 마음으로 하루를 시작하면 삶은 더욱 아름답게 변할 것입니다. 마음속에 긍정의 씨앗을 뿌리고, 그 씨앗이 성장해 풍성한 열매를 맺는 모습을 상상해 보세요. 긍정의 언어와 태도가 가져오는 긍정적인 변화를 경험해 보세요. 긍정적인 마음가짐은 단순히 기분을 좋게 만드는 것이 아니라 삶을 변화시키는 원동력이 됩니다.

 처음에는 어려울 수 있습니다. 자신을 속이는 것처럼 느껴질 수도 있습니다. 하루아침에 생각이 완전히 바뀌는 것은 어려울 수 있습니다. 하지만 꾸준히 반복하면 점점 긍정적인 말씨가 일상에 자연스럽게 스며들게 됩니다. 긍정의 마음으로 매일매일을 살아가며 행복한 삶을 만들어 가는 행복 농부가 되어 보세요.

뿌리 깊은
나무

  썩은 나무에는 절대 열매가 열리지 않아요. 나무가 썩으면 뿌리부터 줄기, 가지까지 모두 약해지고 무너지죠. 건강한 나무는 튼튼한 뿌리로 땅에서 영양분을 흡수해서 줄기와 가지로 보내 싱싱한 잎과 탐스러운 열매가 맺히게 됩니다.

  썩은 과일도 마찬가지예요. 겉은 멀쩡해 보여도 안에서부터 부패가 진행되어 조금만 힘이 가해지면 쉽게 무너져 내립니다. 결국 작은 바람에도 스스로 떨어지게 되죠.

  우리 삶도 비슷해요. 마음이 건강하고 튼튼해야 좋은 결과를 얻을 수 있습니다. 마음이 병들면 겉은 멀쩡해 보여도 결국 무너지고 말아요. 좋은 마음가짐과 긍정적인 생각 그리고 건강한 생활 습관은 인생에서 좋은 열매를 맺기 위한 필수 조건이죠.

　평소에 긍정적인 마음과 말을 유지하는 것이 중요합니다. 무심코 하는 생각과 말은 마음에 큰 영향을 미쳐요. 열린 시야로 세상을 보고 긍정적인 태도로 사람들을 대하는 것이 중요합니다. 긍정적인 말은 주변 사람들에게도 좋은 영향을 줘요. 상냥하고 격려하는 말은 다른 사람에게 힘이 되고, 관계를 더 깊고 건강하게 만들어 줍니다.
　반대로 부정적인 말과 비판적인 태도는 마음을 병들게 하고 관계를 나쁘게 만들 수 있어요. 결국 썩은 나무가 열매를 맺지 못하고 썩은 과일이 작은 바람에도 떨어지는 것처럼, 마음도 병들지 않도록 주의하고 살펴야 해요.

　건강한 나무가 아름다운 열매를 맺는 것처럼 긍정적인 마음과 말을 통해 건강한 관계를 맺는 것이 중요합니다.

희망의 씨앗

작은 희망이 주는 큰 힘

거친 비바람을 뚫고 피어나는 꽃처럼
희망은 극한의 시련 속에서도 피어난다

어둠을 뚫고 빛을 내는 별처럼
긍정의 마음은 가시밭을 넘어
눈부신 꽃이 되리라

긍정의 마음을
품으세요

화가 나도 웃고,
슬퍼도 웃고,
힘들어도 웃는 게 아닙니다.

긍정은 어둠 속에서 별을 찾아
길을 밝혀가는 마음입니다.

비바람 속에서도 꽃을 피우려는 희망처럼,
어디서든 아름다움을 찾는 것이 긍정입니다.

부정의 마음은 가시가 가득한 정원입니다.

가시가 많으면 내 마음이 상처받습니다.
누군가를 미워하는 감정은
나를 찌르는 가시가 되죠.

아름다운 꽃을 보려면 마음의 가시를 치워야 합니다.
인생의 나무는 즐거운 마음과
긍정의 말을 먹고 자랍니다.

긍정의 씨앗으로 인생을 아름답게 가꾸어 보세요.

긍정적인
마음이란?

 긍정적인 마음은 단순히 부정을 억누르는 것이 아닙니다. 진정한 긍정은 문제를 이해하고 해결하는 능력에서 시작됩니다. 어려운 상황에서도 '여기에서 무엇을 배울 수 있을까?'라며 나에게 묻고 새로운 가능성을 찾는 것이 긍정입니다.

 긍정적인 마음은 억지로 웃는 것이 아닙니다. 기쁨을 찾고 현재 상황에서 내가 어떻게 성장할 수 있을지 고민하는 태도입니다. 중요한 시험에서 실패했을 때, '이번 생은 망했어!'라며 포기하기보다 '다음에는 어떻게 더 잘할 수 있을까?'라는 질문을 던지는 것이 진정한 긍정이죠. 오답 노트를 잘 쓰는 친구들이 공부 잘하는 것과 같습니다.

　부정적인 마음은 마음속에 가시가 가득한 상태를 의미합니다. 불안, 미움, 시기 같은 감정들은 나를 해치는 원인이 됩니다. 누군가를 미워하는 마음은 결국 나에게 돌아와 상처를 주게 됩니다. 부정적인 마음은 행복을 가두는 감옥과 같습니다. 감정의 가시가 마음속에서 상처를 만들고, 그 상처로 인해 더 큰 아픔을 겪게 됩니다. 미움과 불만은 나를 해치는 독이 됩니다.

　긍정적인 마음을 갖기 위해서는 마음속의 가시를 제거해야 합니다. 나의 감정을 이해하고 다루는 방법을 배우는 것이 필요합니다. 부정적인 감정을 건강하게 해소하고, 긍정적인 감정을 찾는 연습이 필요합니다. 긍정적인 마음은 자연스럽게 찾아오지 않지만, 꾸준한 노력과 자기 이해로 키워갈 수 있습니다.

긍정적인 마음을 키우는 3가지

1. 매일 긍정 확언하기

매일 아침 거울 앞에서 자신에게 긍정적인 메시지를 전하세요.

"나는 할 수 있다", "나는 행복할 자격이 있다" 같은 문구를 큰 소리로 외치며 나를 믿어 보세요. 이 작은 습관이 긍정 씨앗을 마음에 심어 주고 하루를 시작하는 데 큰 힘이 됩니다. 긍정 확언은 자신감을 높이고 도전과 시도를 두려워하지 않도록 돕습니다.

2. 매일 감사 일기 쓰기

하루가 끝나기 전에 감사했던 일을 기록해 보세요.

날씨가 좋았던 일, 친구와의 따뜻한 대화, 맛있게 먹은 음식 등 작은 것들에 대한 감사가 큰 변화를 만들어 냅니다. 감사 일기는 마음을 풍요롭게 하고 긍정적인 에너지를 쌓는 데 도움이 됩니다. 매일의 감사는 긍정적인 시각을 키우는 데 큰 역할을 합니다.

3. 나만의 시간 갖기

혼자만의 시간에 관심사나 취미를 즐기세요. 독서, 운동, 그림 그리기 등 내가 좋아하는 활동에 시간을 투자하면 마음의 평화를 찾을 수 있습니다. 나만의 시간을 가지면 스트레스가 줄어들고, 감정을 이해하며 긍정적인 에너지를 충전할 수 있습니다. 나의 행복을 찾는 과정에서 마음의 안정을 얻을 수 있습니다.

긍정 에너지

행복 전도사

나를 사랑하고 돌볼 때
비로소 타인에게 진정한 사랑을 나눌 수 있다
나에 대한 사랑이 강물처럼 흘러야
타인의 마음을 적신다

주변을
사랑하는 법

인심은 곳간에서 난다는 말이 있죠.
배가 불러야 주위를 돌아보는 여유가 생긴다는 말인데요
마음 역시 마찬가지입니다.
나를 사랑하고 여유를 가질 때
주변에 사랑을 건넬 수 있습니다.
지금 당장 여유가 없고 나를 미워하는데
어떻게 주변에 사랑을 베풀 수 있을까요?

내 곁에 있는 사람들이 행복해지려면
먼저, 내가 행복해야 합니다.

지금
행복한가요?

 내 곁에 있는 사람들이 행복해지려면, 내가 먼저 행복해야 합니다. 이는 단순한 이기심이 아니라 진정한 사랑의 출발점입니다. 나를 사랑하는 것은 다른 사람을 진정으로 사랑할 수 있는 기초가 되기 때문이죠. 나를 돌보고 나에게 관대해지며 나의 감정을 존중하는 법을 배울 때, 비로소 타인을 이해하고 배려할 수 있게 됩니다.

1. 나를 사랑하는 법

[자기 이해와 수용]

사람은 누구나 완벽하지 않고 때때로 실수도 합니다. 나의 약점을 인정하고 그것을 개선하려는 노력 자체가 중요합니다. 좌절과 자책보다는 나에게 긍정적인 메시지를 보내고, 작은 성취에도 나를 칭찬해 보세요. "오늘 정말 수고했어" 또는 "치킨의 유혹을 이겨 내고 다이어트에 성공한 '나' 정말 잘했어!"라고 나에게 말하는 습관을 들이면, 마음에 여유가 생기고 자존감이 높아집니다.

[충분한 휴식]

우리는 끊임없이 바쁜 일상을 살아갑니다. 그러나 진정한 행복을 위해서는 적절한 쉼표가 필요하죠. 좋아하는 취미를 즐기거나 자연 속에서 시간을 보내며 힐링도 필요합니다. 이러한 작은 휴식이 마음의 안정과 행복을 가져다줍니다.

2. 타인을 사랑하는 법

[작은 관심과 배려]

누군가의 이야기를 진심으로 들어주고, 그들의 감정을 공감하는 것이 중요합니다. 때로는 작은 선물이나 따뜻한 한마디가 큰 힘이 될 수 있습니다. 누군가 힘들어할 때 "난 언제나 당신 편이야!"라는 말은 큰 위로가 되죠.

[상대방의 입장에서 생각하기]

그들이 어떤 상황에 부닥쳐 있는지, 어떤 감정을 느끼고 있는지를 이해하려는 노력이 중요합니다.

[감사한 마음 잊지 않기]

주변 사람들에게 감사의 표현을 하는 것은 그들을 존중하고 사랑한다는 의미입니다. 감사의 마음은 긍정적인 에너지를 전하고 관계를 더욱 견고하게 만듭니다. "당신과 함께라서 행복해!"라는 한마디는 큰 감동을 줄 수 있습니다.

내가 행복할 때, 그 행복은 자연스럽게 주변으로 퍼져 나갑니다. 나에게 충분한 사랑과 배려를 주고, 그 여유를 바탕으로 주변 사람들에게도 그 사랑을 나누세요. 그렇게 하면 나의 삶은 물론 주변 사람들의 삶도 한층 더 밝아질 수 있습니다.

자존감
높이는 법

1. 완벽한 모습만 보여 주려고 애쓰지 않기

세상에는 완벽한 사람이 없다는 사실을 받아들이는 것이 중요합니다. 완벽을 추구하려고 할 때 오히려 더 많은 실수를 할 수 있습니다. 나에게 너무 높은 기준을 설정하고 완벽해지려고 하면 오히려 스트레스를 받고 자존감이 떨어질 수 있습니다. 현재의 부족함에 좌절하지 말고 있는 그대로의 나를 받아들이세요. 나의 장단점을 인정하고, 부족함을 보완해 나가는 과정이 더 중요합니다.

2. 다른 사람의 평가에 연연하지 않기

세상의 기준이나 다른 사람들의 평가에 지나치게 의존하지 않는 것이 자존감을 높이는 데 도움이 됩니다. 타인의 시선에 휘둘리지 않고 내가 원하는 일을 자유롭게 하는 것이 중요합니다. 인생은 객관식이 아니며, 정답이 없는 주관적인 과정입니다. 남들이 어떻게 생각하든 상관하지 말고, 내가 원하는 대로 삶을 살아 보세요. 내가 원하는 것과 행복을 추구하는 과정에서, 자신감을 얻고 자존감이 높아질 것입니다.

3. 다른 사람과 비교하지 않기

다른 사람과의 비교는 자존감을 떨어뜨리는 주요 원인 중 하나입니다. '저 사람은 대단한데 나는 왜 이럴까?'라는 생각은 나에게 불필요한 강박을 만들고 자존감을 낮출 수 있습니다. 각자만의 속도와 방식으로 성장하고 발전하고 있습니다. 현재의 부족함이 있다면, 그것을 개선하려고 노력하면 됩니다. 내 기준에 따라 성장하고 발전해 나가는 과정에서 자존감이 자연스럽게 높아질 것입니다.

나를 있는 그대로 받아들이고, 타인의 평가에 휘둘리지 않으며 다른 사람과 비교하지 않는 것이 자존감을 높이는 데 중요한 요소입니다. 나만의 속도로 성장하며 나를 긍정적으로 바라보는 연습이 필요합니다.

실패가
필요한 이유

 봄꽃이 피어나기 위해서는 충분한 추위가 필요합니다. 봄이 되었다고 해서 무조건 피어나는 것이 아니죠. 식물이 겨울잠에서 깨려면 일정 수준 이상의 추운 날씨를 경험해야 합니다. 추위 속에서 자신의 에너지를 모아 두었다가 봄이 되어 따뜻한 햇볕과 함께 활짝 피어나는 것이죠. 추위가 없다면 꽃들은 에너지를 충분히 발산할 수 없고, 제대로 피어날 수 없는 것입니다.

 인생도 같습니다. 성공을 위해서는 실패도 필요합니다. 종종 실패를 두려워하고, 실패가 마치 끝인 것처럼 느끼고는 합니다. 그러나 실패는 성장할 수 있는 기회입니다. 충분한 실패 경험 없이 성공하는 경우는 거의 없습니다.

성공한 많은 사람의 이야기를 들어 보면, 그들 역시 수많은 실패를 겪었다는 것을 알 수 있습니다. 그들은 실패를 통해 자신을 돌보았습니다. 새롭게 전략을 세우고 다시 도전했습니다.

중요한 것은 실패했다는 사실이 아닙니다. 실패를 통해 성장 동력을 얻었다는 것입니다. 실패는 우리를 더 강하게 만들고, 더 나은 방향으로 이끌어 줍니다. 실패를 통해 나의 약점을 발견할 수 있습니다. 그리고 약점을 보완할 수 있는 방법을 찾습니다. 또한 실패는 인내와 끈기를 가르쳐 줍니다. 한 번의 실패에 좌절하지 않고, 다시 일어나 도전하는 힘을 기르게 되죠.

추운 겨울을 이겨 낸 봄꽃이 더욱 아름답게 피어나는 것처럼, 실패를 경험한 후의 성공은 더 큰 의미가 있습니다. 실패는 끝이 아닌 새로운 시작의 발판입니다. 삶은 추위와 따뜻함, 실패와 성공의 연속입니다. 이 과정에서 더 단단해지고 더 아름답게 피어날 수 있습니다.

실패를 두려워하지 말고, 그것을 통해 배움을 얻어 보면 어떨까요? 우리의 삶은 따뜻한 봄날처럼 찬란하게 피어날 것입니다.

일상 속 긍정 찾기

긍정적인 순간들을 발견하는 법

아침의 긍정으로 하루를 밝히고
저녁의 위로로 마음의 씨앗을 키우세요

하루하루 작은 행복들이 모여
인생의 아름다운 시를 완성해 갑니다

행복하자,
오늘도

매일 아침 5분만 일찍 일어나서
기분 좋게 시작해 보세요.

"오늘도 힘내자!"
"오늘도 행복할 거야!"
"오늘도 기쁜 일들이 가득할 거야!"

긍정의 에너지를 담아 하루를 시작합니다.
과거의 실수나 걱정에 매달리기보다는,
오늘의 소중한 순간들을 더욱 값지게 생각해 보세요.

매일매일 쌓여가는 작은 행복이,
일주일, 한 달을 지나면서
삶을 더 밝고 행복하게 만들어 줄 거예요.

"행복은 순간의 강도가 아니라
자주 느끼는 빈도가 중요하다."

어차피 맞이할 하루,
인상을 찌푸리며 시작할 필요 있을까요?
밝은 마음으로 하루를 열어 보세요.
아자아자!

고생했어,
오늘도

매일 잠들기 전 고생한 나를 위해 위로해요.

"오늘도 고생했어!"
"오늘도 잘해 줬어!"
"오늘도 감사했어!"
"오늘도 즐거웠어!"

내일은 또 얼마나 신나는 하루가 될까?

"내일도 힘내 보자!"
짜증보단 감사를,

후회보단 각오를,
고생한 나에게도 보상이 필요해요.
소중한 나를 아끼고 사랑해 줘요.

그렇게 마음은 단단해집니다.

오늘이
가장 소중한 순간

　긍정 확언의 힘을 믿나요? 사실 저는 처음에는 믿지 않았습니다. '고작 몇 마디 말로 인생이 달라질 수 있을까?'라는 의문이 늘 있었습니다. 유사 과학처럼 느껴졌던 것이죠. 그러나 지금은 긍정 확언의 힘을 믿습니다.

　한때 직장 내 갈등과 미래에 대한 불확실성으로 인해 스트레스가 가득했던 시기가 있었습니다. 그때 '밑져야 본전'이라는 마음으로 매일 긍정 확언을 하기 시작했습니다. 그 결과 늘 아침잠에 쫓겨 힘들게 하루를 시작했던 제가, 가슴 두근거리는 마음으로 하루를 시작하게 되었습니다. 늘 걱정과 불평, 불만으로 가득했던 취침 시간이 위로와 격려의 시간이 되었습니다.

하루 5분 아침의 작은 외침은 하루를 밝게 만들고, 하루의 작은 위로는 마음을 안정시켜 줍니다. 나에게 긍정적인 메시지를 보내는 것은 삶의 질을 높이는 중요한 습관입니다. 일찍 일어나 외치는 긍정의 말들은 단순한 기분전환이 아닙니다. 자신감과 희망의 씨앗을 자라게 합니다. "나는 할 수 있어!"라고 외치는 순간, 나에게 가능성을 열어 주는 것이죠.

하루를 마무리하며 나를 위로하는 시간도 중요합니다. "오늘도 고생했어!"라고 자신에게 말하는 것은 내일을 위한 에너지를 충전해 줍니다. 이런 작은 습관들이 모여 마음을 단단하게 하고, 삶을 긍정적으로 변화시킵니다.

사소해 보이는 이 행동들이 쌓여 큰 변화를 이끌어 냅니다. 행복은 결코 먼 곳에 있지 않습니다. 일상 속 작은 실천에서 시작됩니다. "오늘도 감사했어"라는 말 한마디가 나의 하루를 빛나게 하고, "내일도 힘내 보자"라는 다짐이 새로운 시작을 준비하게 합니다.

누구나 행복할 자격이 있습니다. 오늘을 소중히 여기고, 내일을 기대하며 밝게 웃어 보세요. 하루하루가 모여 더 행복하고 의미 있는 삶이 됩니다. 언제나 당신의 행복을 응원합니다.

긍정 확언 메시지

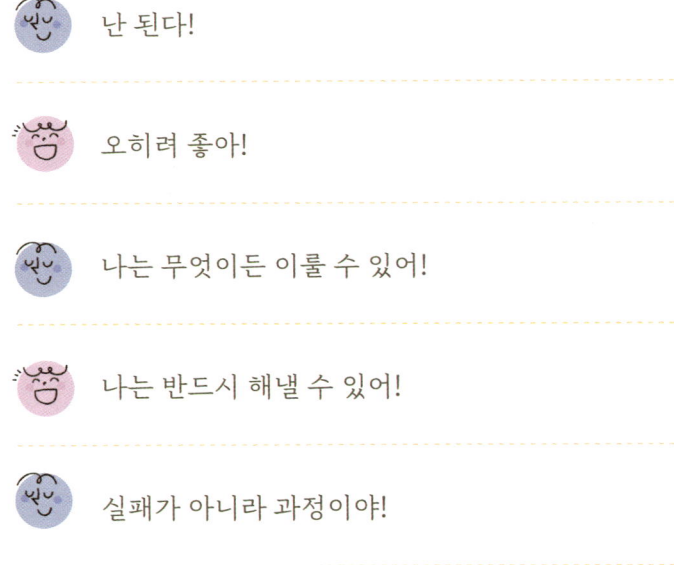

난 된다!

오히려 좋아!

나는 무엇이든 이룰 수 있어!

나는 반드시 해낼 수 있어!

실패가 아니라 과정이야!

😊 오늘도 최선을 다했다!

😊 매일 나아지고 있다!

😊 고민보다 실천한다!

😊 변하지 않는 것보다 할 수 있는 것을 찾는다!

😊 불평불만보다 그 속에 즐거움을 발견한다!

😊 새로운 도전을 즐겁게 경험한다!

😊 타인과 비교하지 않는다!

😊 매일 긍정의 씨앗을 뿌린다!

😊 문제 상황에서도 유연하게 대처한다!

있는 그대로의 나를 사랑한다!

 작은 것에도 늘 감사를 표현한다!

⑤ 긍정적 사고 훈련법

부정적인 생각을
긍정으로 바꾸다

행복을 부르는 자는 시련을 기회로 바꾸고
실패 속에서도 희망의 별빛을 찾아낸다

매일의 긍정이 행복의 바다를 이루어
삶은 빛나는 항해가 될 것이다

행복을 끌어당기는
사람들의 비밀

행복을 끌어당기는 사람에게는
공통된 특징이 있습니다.

그들은 언제나 긍정적인 말을 합니다.
"괜찮아~ 다음에 더 잘하면 되지!" 같은 말이죠.
어떤 사람은 좌절하고 포기할 때,
또 어떤 사람은 그 상황을 훌훌 털어 내고
다시 도전합니다.

누구나 좌절을 겪으며 살아갑니다.
태어나서 첫걸음을 내딛을 때는 넘어지더라도

결국 다시 일어나 걷잖아요?
중요한 것은 넘어지지 않는 것이 아니라
넘어졌을 때 다시 일어나 훌훌 털어 내는 것입니다.
모든 성공에는 시행착오가 필요합니다.

긍정적인 사람들은 실패를 두려워하지 않고,
실패를 겪은 후에도 긍정적인 에너지를 잃지 않습니다.
그들은 자신과 주변 사람들에게
긍정적인 메시지를 전달하면서
다시 도전할 용기를 줍니다.
이러한 태도가 주변을 밝히고
긍정적인 에너지를 끌어당기게 됩니다.
자신이 실패할 때도, 다른 사람의 실패를 볼 때도,
긍정적인 시각으로 바라보세요.

다시 한번 말하지만,
모든 성공에는 시행착오가 필요합니다.

긍정적인 에너지로
삶을 채우세요

　삶은 마치 큰 여정과 같습니다. 늘 다양한 도전과 장애물이 있죠. 긍정적인 사람은 문제를 단순한 장애물이 아닌, 기회로 바꾸는 능력을 갖추고 있습니다. 그들은 어떤 상황에서도 좋은 점을 찾으려고 노력합니다.

　시험을 볼 때, 어려운 문제를 보면 답답하고 막막합니다. 이럴 때는 어떻게 긍정적으로 생각할 수 있을까요? "이 문제를 풀면 내가 더 성장할 수 있어!"라고 말해 보는 겁니다. 이런 생각은 동기부여도 확실하게 만들고 추진력을 얻을 수 있습니다.

　하루의 시작이 중요하다는 말을 들어 본 적이 있죠? 아침에 일어나서 긍정적인 마음가짐을 갖는 것은 매우 중요합니다. 아침에 일어나서 "오늘은 좋은 일이 생길 것 같아!"라고 하면 어떤 일이 벌어질까요? 하루 동안 마주치는 다양한 상황 속에서 긍정적인 면을 더 많이 찾아낼 수 있습니다.

평소라면 그냥 지나쳤을 신호등의 초록불이 반갑게 느껴지거나 평소 즐겨 먹는 커피 한 잔이 더 맛있게 느껴질 수 있습니다. 작은 일상에서 긍정적인 시각을 가지면, 일상에서 소소한 행복을 더 많이 발견하게 됩니다.

긍정적인 마음가짐이 있으면 어려운 상황에서도 더 쉽게 해결책을 찾을 수 있습니다. 또한 작은 행복을 더 자주 느낄 수 있죠. 친구와의 대화에서, 좋아하는 취미 활동을 즐길 때도 긍정적인 에너지가 큰 역할을 합니다.

긍정적인 마음은 자신감을 높이는 데도 도움이 됩니다. 매일 아침 긍정 확언을 하면, 자신감이 자연스럽게 높아지고 자신이 할 수 있는 일에 대한 믿음도 커지게 됩니다. 이렇게 긍정적인 에너지는 자신과 주변 사람들에게도 좋은 영향을 미치게 되죠.

긍정적인 하루의 시작은 모든 순간을 더 밝고 기쁘게 만들어 줍니다. 그러니 매일 아침 긍정적인 마음으로 하루를 맞이해 보세요. 진정한 '굿모닝'이 됩니다.

행복을 끌어당기는
생각들

 결국 지나간다
↳ 큰 행복도 큰 불행도 결국 지나가요.
　지나고 나면 모든 일은 희미해지죠.

 어떻게든 된다
↳ 걱정한다고 달라지는 것은 없어요.
　일어날 일은 결국 일어나게 되니까요.

잠시 쉬어가자

↳ 힘들면 잠시 쉬어가도 괜찮아요.
　늦더라도 나아가고 있는 것이 중요해요.

 그럴 때도 있는 거지

↳ 살다 보면 그럴 수도 있지.
　한 번쯤은 넘어질 수도 있는 거지.

 나쁜 기억은 잊고 살자

↳ 과거는 과거일 뿐 현재의 내가 중요해요.

 완벽할 필요 없어

↳ 빈틈이 있다는 것은 성장할 수 있다는 의미죠.

생각하지 말자

↳ 생각이 많을 때는 행동을 해야 해요.
　생각이 많다는 것은 행동이 적음을 의미하죠.

그래도 웃자

↳ 힘들수록 억지로라도 웃어요.
　웃다 보면 웃을 일도 생기는 법이죠.

이번 생은 처음이라

↳ 누구나 인생이 처음이기에
　조금 서툴러도 괜찮아요.

지난 일 후회하지 말자

↳ 쓸데없는 걱정에 잠 못 이룰 이유 있나요?

감사의 나비효과

감사하는 마음이 주는 변화

감사의 씨앗이 마음의 땅에 스며들면
작은 순간들이 변화를 일으키고
'덕분에'라는 한마디는 나비의 날갯짓처럼
삶의 풍경을 새로운 방향으로 이끈다

덕분에

"너 때문에 다 망쳤어!"

버릇처럼 자주 '때문에'라는 말을 써요.
상황을 탓하고, 남을 탓하고, 모든 것을 탓하죠.
저도 그랬어요.
하지만 아무것도 변하지 않았죠.
그저 부정적인 기운만 가득할 뿐이었어요.

이제는 '덕분에'라고 말해 보세요.

"당신 덕분에 이룰 수 있었어."

작은 단어의 차이처럼 보일지 몰라도,
일상에서 감사함을 발견하는 마법의 단어입니다.

감사함을 느낄 때 마음은 더욱 풍요로워져요.

감사,
변화를 일으키는 힘

 감사의 씨앗을 심어 보세요. 비장한 결심이나 각오가 없어도 됩니다. 일상의 소소한 순간들에서 찾아보면 됩니다. 아침의 신선한 공기, 커피 한 잔의 따스함, 친구와 나눈 짧은 대화 속에서 감사의 씨앗이 움트는 순간을 느껴 보세요.

 종종 일상의 작은 것들을 당연하게 여깁니다. 그러나 이 작은 것들이 모여 삶을 결정짓습니다.

 '일상 중 감사한 일 찾아보기'는 마음속에 감사의 씨앗을 심는 첫걸음입니다. 매일 잠들기 전, '오늘 감사했던 것들은 무엇이었는지' 되새겨 보세요. 메모하는 것도 좋은 방법입니다. 감사한 일을 적어 보는 습관은 긍정의 에너지를 쌓는 데 큰 힘이 됩니다.

물론 부정적인 감정을 긍정으로 바꾸는 일은 어렵게 느껴질 수 있어요. 그러나 어려움 속에서도 '이 상황에서 무엇을 배울 수 있을까?'라고 나에게 물어 보세요. 그 질문이 긍정의 마음을 지키고, 어려움 속에서도 성장할 기회를 발견하게 해 줍니다.

　감사하는 마음은 타인에 대한 공감과 이해를 한층 깊게 만들어 줍니다. 타인의 좋은 점을 진심으로 인정하고, 그들에게 감사의 마음을 전할 때 우리의 인간관계는 더욱 단단해집니다.
　친구가 어려운 상황에서 도움을 주었을 때, 단순히 "고마워"라고 말하는 것보다, 그 도움의 구체적인 부분에 감사를 표현하는 것이 훨씬 더 효과적입니다. "네가 도와준 덕분에 정말 큰 힘이 되었어. 네가 없었다면 혼자서 해결하기 어려웠을 거야"라는 표현은 상대방에게 도움의 가치를 깊이 느끼게 해 줍니다.
　구체적인 감사의 표현은 단순한 인사말 이상의 의미를 지니며, 서로 간의 신뢰와 유대감을 쌓는 데 이바지합니다. 이렇게 깊어진 관계는 서로를 더욱 이해하고 지지하게 만드는 *끈끈한* 기반이 됩니다.

 작은 씨앗이 자라 큰 나무가 되듯, 오늘 심은 감사의 씨앗이 우리 삶에 큰 변화를 가져옵니다. 오늘부터 마음속에 감사의 씨앗을 심어 보세요. 그 씨앗이 자라며 아름다운 열매를 맺는 과정을 지켜보는 것, 얼마나 기쁘고 의미가 있을까요?

감사일기

날짜 : 20 ○○년 ○○월 ○○일

 행복한 날씨

오늘 날씨가 맑고 따뜻해서 산책하기 좋은 날이었습니다. 신선한 공기를 마시며 걸을 수 있어서 정말 행복하고 감사했습니다.

 따뜻한 대화

친구와 오랜만에 만나 긴 시간 대화를 나눌 수 있었습니다. 서로의 근황을 묻고, 웃고, 공감할 수 있어서 마음이 따뜻해졌습니다.

 맛있는 음식

점심에 먹은 파스타가 정말 맛있었습니다. 신선한 재료와 정성스러운 요리 덕분에 직장 동료와 특별한 한 끼를 즐길 수 있었습니다.

 업무의 성취

오늘 업무에서 중요한 프로젝트를 성공적으로 마무리했습니다. 오랜 기간 팀원들과 함께 열심히 준비했는데 좋은 결과가 나와서 뿌듯했습니다.

 가족의 사랑

늦은 시간, 가족과 함께 소중한 시간을 보냈습니다. 소중한 가족들의 지지와 사랑이 큰 힘이 된다는 것을 다시금 느낄 수 있었습니다.

자기 계발

오늘은 미루고 미뤘던, 읽고 싶었던 책을 드디어 읽기 시작했습니다. 다양한 지식을 얻고 성장할 수 있는 시간을 가질 수 있어서 행복했습니다.

 건강한 하루

오늘도 건강하게 활동할 수 있어서 감사했습니다. 건강하다는 것이 얼마나 소중한지 다시 한번 느끼고 있습니다.

 오늘 하루 느낀 점

오늘 하루 동안 감사한 분들 덕분에 마음이 풍요로워졌습니다. 매일 감사한 일들을 기록하며 감사한 마음을 키우고 싶습니다.

❝

누구나 행복할 자격이 있습니다.
오늘을 소중히 여기고,
내일을 기대하며 밝게 웃어 보세요.
하루하루가 모여 더 행복하고 의미 있는 삶이 됩니다.
언제나 당신의 행복을 응원합니다.

❞

PART 02

꽃피는 말씨

/

진심을 전하는 말

무지개를 그리며 말을 하면

상대방의 마음에도

무지개가 그려져요

우리는 이것을

'예쁘게 말하는 법'이라고 불러요

① 예쁜 말의 중요성

대화의 꽃을 피우다

예쁜 말은 상대를 이해하고
배려하는 마음에서 나와요

애정과 존중, 진심을 담아
예쁘게 말해요

예쁘게 말해요

 어느 날, 우연히 세상에서 가장 예쁜 말을 들었습니다.
 고층 빌딩의 엘리베이터를 타고 올라가던 중, 수많은 사람이 한 층씩 내리는 상황이었죠. 그때 한 아이가 엄마에게 이렇게 물었습니다.

 "엄마, 우리가 꼴찌로 내리는 거야?"

 그랬더니 엄마의 대답이 정말 감동적이었어요.

 "우리가 가장 높은 곳으로 올라가고 있는 거야!"

우리는 보통 정답을 찾으려고 합니다.
예 혹은 아니오.

이런 대답이 효율적일 때도 많죠.
우리의 뇌는 불필요한 에너지 소모를 싫어하니까요.
하지만 불필요한 에너지를 낭비하면서까지 상대방을 배려하는 사람을 우리는 이렇게 부릅니다.

'예쁘게 말하는 사람'

예쁘게 말하는 것은 타고나는 것이 아닙니다.
상대방을 위해 얼마나 정성스럽게 말을 하느냐가 중요한 것이죠.

아이를 실망시키지 않으려는 엄마의 한마디가
저에게는 세상에서 가장 예쁜 말로 들렸습니다.

예쁘게 말하는 것, 왜 중요할까요?

제 인스타그램 영상 중에 500만 조회수를 넘긴 영상이 있습니다. '예쁘게 말하는 법'이라는 주제의 영상인데요. 각박한 사회를 살아가는 현대인들에게 필요한 것은 예쁜 말이 아닐까 하는 생각을 하게 만든 영상입니다.

저는 싸이월드 시절의 감성이 그리울 때가 많습니다. '일촌'이라는 관계명으로 서로의 방명록에 글을 쓰고, 다이어리에 감성 글을 마구 쏟아 내던 그 시절이 참 그립습니다. 요즘은 감성적이고 위로하는 말에 '오글거린다', '느끼하다'라는 댓글도 종종 보입니다. 하지만 저는 감성적이고 따뜻한 말이 좋습니다. 잘난 척하고 허세 가득한 말보다 상대방을 배려하는 따뜻한 한마디가 더욱 마음에 와닿습니다.

사실 남을 배려하지 않고 있는 그대로 솔직하게 얘기하면 편합니다. 솔직한 말은 단순하고 직설적이라 불필요한 에너지를 절약할 수 있기 때문이죠. 그런데도 상대방을 위해 노력하는 사람들을 '예쁘게 말하는 사람'이라고 부릅니다. 그러면 왜 예쁘게 말하는 것이 중요할까요?

흔히들 '예쁘게 말하는 사람'은 타고난다고 생각합니다. 하지만 꼭 그렇지만은 않습니다. 예쁘게 말하는 태도는 평소 언어 습관에 의해 결정됩니다. 중요한 것은 상대방을 위해 얼마나 정성스럽게 말을 하느냐입니다. 예쁘게 말하는 것은 단순한 예절의 표현이 아닙니다. 상대방에 대한 깊은 배려와 존중의 표시죠.

예쁘게 말하는 습관은 연습을 통해 만들 수 있습니다. 평상시 긍정적인 마음 갖기, 상대방의 입장에서 생각하기 그리고 진심 어린 표현이 그 방법들입니다. "보고서가 완전 엉터리야!" 대신 "이 부분이 참 좋네요! 여기에 살짝만 더 내용을 보완하면 좋을 것 같아요"라고 말하는 것이 낫죠.

말은 사람의 마음을 움직이는 힘이 있습니다. 관계를 형성하며 신뢰를 구축하는 중요한 수단이죠. 친구가 고민을 털어놓을 때 "그게 뭐가 힘들어? 다 그렇게 참고 살아"라고 직설적으로 말하는 것보다 "많이 힘들었겠다. 나는 네가 더 나은 선택을 할 수 있을 거라고 믿어"라고 말하는 것이 훨씬 더 위로가 되고 힘이 됩니다.

   우리의 작은 말 한마디가 상대방의 하루를 밝게 만들 수 있습니다. 예쁘게 말하는 것은 단순히 말을 다르게 하는 것이 아니라 상대방에 대한 관심과 배려를 표현하는 방법입니다. "당신 정말 잘했어요"라는 칭찬은 상대방의 노력을 인정하고, 그 사람의 가치를 높여 주는 행위입니다.

   결국 예쁘게 말하는 것은 상대방을 존중하고 배려하는 마음에서 비롯됩니다. 예쁘게 말하려는 노력이 모여 따뜻하고 긍정적인 세상을 만들어 갑니다.

   당신은 어떤 말을 하고 싶으신가요?

상처를 주는 말과 배려하는 말

 또 시작이야?

 "비슷한 상황이 반복되는 것 같아. 다른 얘기하면 안 될까?"

 그만 좀 해

 "잠깐 서로 생각할 시간을 갖고 다시 이야기하자."

 다음에 얘기해

 "나중에 더 차분할 때 얘기하면 좋겠어."

왜 항상 내 말을 안 들어?

 "내 말을 좀 더 잘 들어 줬으면 좋겠어. 내 입장도 한번 생각해 줘."

 내가 뭘 잘못했는데?

 "내가 어떤 부분을 고치면 좋을까?"

 더 이상 못 참아

 "이 상황이 너무 힘들어. 어떻게 하면 나아질 수 있을까?"

 왜 항상 나만 나쁜 사람 만드는 거야?

"나도 이해받고 싶어. 우리 서로의 감정을 존중하며 대화하면 좋겠어."

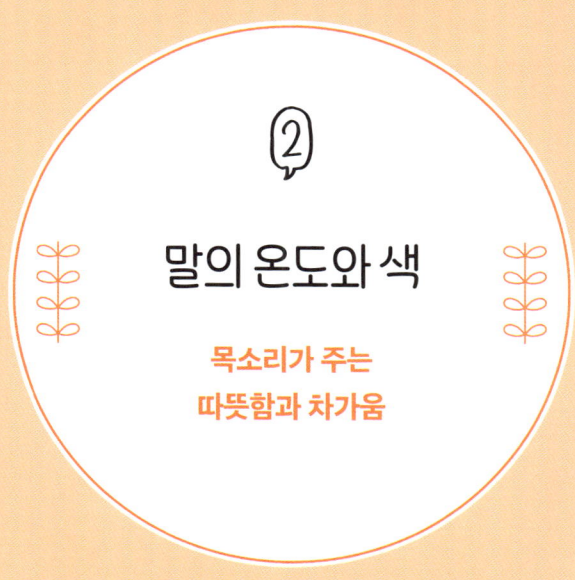

② 말의 온도와 색

**목소리가 주는
따뜻함과 차가움**

부드러운 말은 마음을 비추는 햇살이고
신뢰의 한마디는 관계를 꽃피우는 바람입니다
당신의 목소리로 세상을 환하게 물들여 보세요

당신의 목소리는
어떤 색인가요?

말에도 퍼스널 컬러가 있습니다.
마음을 감싸 주는 따뜻한 웜톤과
신뢰를 주는 세련된 쿨톤이 있죠.

말투에 따라 첫인상이 결정되며,
딱딱하고 차가운 말보다는
부드럽고 온화한 한마디가
관계를 부드럽게 합니다.

소심하고 불안한 말투보다는
세련되고 스마트한 한마디가

신뢰를 쌓습니다.

당신의 목소리는
어떤 색으로 물들어 있나요?

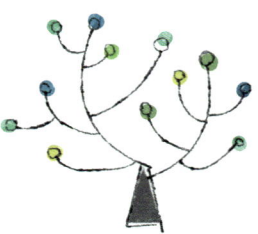

자신만의
목소리 찾기

"왜 그렇게 말투가 딱딱해요?"
"조금 부드럽게 말하면 좋겠어요."

혹시 이런 말을 들은 적이 있나요?

저도 한때는 그랬습니다. 공대를 졸업하고 자동차 품질관리를 하면서, 결과를 중시하며 감정보다 팩트를 우선시했습니다. 그때는 직설적인 표현이 주를 이루었죠.

효율성을 추구하며 말투보다 결과가 중요했습니다. 하지만 시간이 흐르면서 말투의 중요성을 깨달았습니다. 소통에서 중요한 것은 단순히 정보를 전달하는 것뿐만 아니라 상대방의 감정을 배려하는 따뜻함과 부드러움이 필요하다는 것을 알게 되었습니다.

여기서 목소리는 큰 역할을 합니다.

부드럽고 친근한 톤, 신뢰를 주는 진중한 목소리, 각각의 목소리는 그 자체로 특별한 매력을 발산합니다. 자신에게 어울리는 목소리 색깔을 찾고 그에 맞는 표현을 찾는 과정은 소통을 더욱 깊고 의미 있게 만듭니다. 자신만의 목소리 톤을 찾는 것은 남의 기대를 충족시키기보다는 나를 더 나답게 만드는 일입니다.

목소리 음색은 타고나는 것이지만, 어떻게 활용하느냐에 따라 전달되는 느낌은 달라질 수 있습니다. 가수 성시경 님의 목소리는 타고난 음색이지만, 그가 만약 틱틱거리고 날카로운 말투를 썼다면 지금과 같은 느낌을 주었을까요?

단언컨대, '아니요'라고 대답할 것입니다.

중요한 것은 타인을 배려하는 마음으로 소리를 내는 것입니다. 자신만의 목소리 톤으로 따뜻하게 말하는 노력은 상대방에게 특별한 인상을 남깁니다.

당신의 목소리는 어떤 색깔을 지니고 있나요?
당신의 아름다운 목소리로 아름다운 연주를 해 보세요.

부드러운 목소리를 위한
핵심 훈련 3가지
: 호흡, 공명, 감정

"목소리는 타고나는 거라던데 바뀌는 게 맞나요?"

이런 질문을 종종 받습니다.
제 대답은 항상 같죠.

"네, 음색은 타고나는 거지만 톤, 공명, 호흡, 말투 등은 훈련으로 개선할 수 있습니다."

저는 기계를 전공했고, 첫 직장은 자동차회사였습니다. 평범한 공대생이 전국 생방송 홈쇼핑에 나오는 쇼호스트가 되기까지 많은 노력을 했습니다. 저 역시 많은 시행착오를 겪으며 변화를 경험했죠. 방송인으로 활동하다 보면 다양한 사람들을 만나게 됩니다. 그중 한 아나운서에게 물었습니다.

"언제 아나운서로 합격하셨어요? 처음부터 목소리가 좋았나요?"

그분의 대답은 '아니오'였습니다. 물론 어느 정도 좋은 목소리였기 때문에 아나운서라는 꿈을 꾸었겠지만, 지금껏 많은 배우와 아나운서를 만나면서 느낀 점은 처음부터 타고난 배우, 타고난 아나운서는 없다는 사실입니다.

무심코 탄 택시에서 "아가씨 아나운서예요?"라는 질문을 받았을 때, 아나운서에 합격했다는 이야기가 기억에 남습니다. 저 역시 그랬습니다. 어느 날 친구가 "너, 쇼호스트 같다"라고 말한 그 시기에 공채 합격을 하게 되었습니다.

매일 연습하고 노력하면 달라집니다. 하루 5분이라도 좋습니다. 긴 시간이 필요하지 않습니다. 말하기는 하나의 패턴과 같습니다. 그 패턴만 익힌다면 어느 순간 달라진 자신을 발견할 수 있을 것입니다.

제가 목소리를 바꿀 수 있었던 3가지 방법을 자세히 소개합니다.

1. 올바른 호흡

복식 호흡은 목소리의 안정감과 깊이를 더하는 데 필수적입니다. 다음의 연습 방법과 예시 문장을 참고하세요.

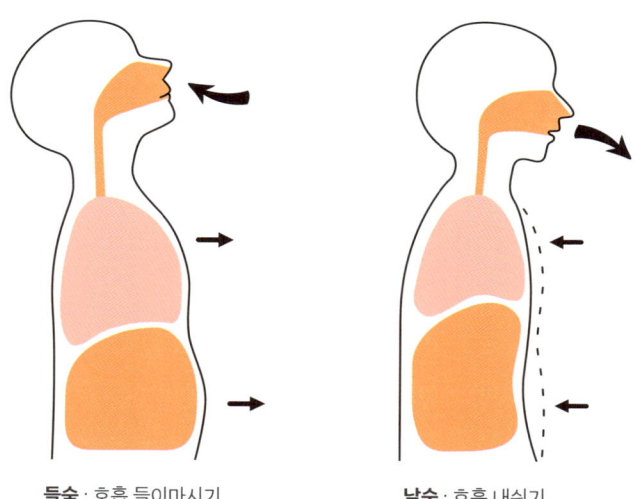

들숨 : 호흡 들이마시기　　　　**날숨** : 호흡 내쉬기

[기본 호흡 연습]

• **준비 자세** : 편안한 자세로 앉거나 서서 손을 배 위에 올립니다. 허리를 펴고 어깨를 이완시킵니다.

• **연습 방법**

↳ **호흡 들이마시기** : 3초 동안 천천히 코로 깊게 숨을 들이마십니다. 이때 배가 부풀어 오르는 것을 충분히 느끼면서 5초 동안 숨을 참습니다.

↳ **호흡 내쉬기** : 7초 동안 '스~'라는 발음을 내뱉으며 일정하게 숨을 내쉽니다. 이때 배가 들어가는 것을 느끼세요.

↳ **반복** : 이 과정을 5회 반복합니다. 처음에는 1~2분 정도 연습한 후 익숙해지면 시간을 늘립니다.

[호흡을 이용한 말하기 연습]

• **연습 방법**

↳ **문장 발음** : 복식 호흡 자세를 유지하며 "안녕하세요"를 발음할 때 배의 움직임을 느끼면서 소리를 내 보세요. 소리를 내거나 호흡이 나갈 때는 아랫배가 등에 붙듯 들어가야 합니다.

↳ **호흡 조절** : 발음 중에도 호흡은 복식 호흡으로 이루

어지도록 합니다. 문장과 문장이 넘어갈 때마다 급하지 않게 안정적인 호흡을 유지합니다.

> 단문 : 안녕하세요 / 만나서 반갑습니다 / 제 이름은 ㅇㅇㅇ 입니다
> 장문 : 안녕하세요 ㅇㅇㅇ입니다 / 지금부터 발표를 시작하겠습니다 / 오늘 주제는 예쁘게 말하는 방법입니다 / 예쁘게 말하기 위해서는 목소리 훈련이 필요합니다 / 부드럽게 말해야 메시지도 잘 전달되기 때문입니다

↳ 반복 : 단문과 장문 각각 3회 이상 반복합니다. 이때 한 호흡으로 한 문장씩 끊어 읽는 것이 중요합니다. 복부의 움직임을 느끼면서 최대한 호흡을 유지해 보세요.

2. 공명

공명은 소리의 울림을 결정짓는 중요한 요소입니다. 소리의 울림에 따라 목소리의 느낌이 크게 달라집니다. 공명 연습을 통해 목소리에 매력을 더할 수 있습니다.

[하품 연습 방법]

하품은 목소리의 울림을 향상시키는 데 효과적인 연습 방법입니다. 하품을 통해 연구개와 목 안쪽의 공간을 넓히는 감각을 익히면 목소리의 깊이와 풍부함을 더할 수 있습니다.

• 아치 열기

↳ 하품 소리내기 : 먼저 하품하듯 '하~~~' 소리를 내 보세요. 이때 목 안쪽의 공간이 활짝 열리는 느낌을 받을 수 있습니다. 이 공간은 연구개라는 부분으로, 목소리의 울림을 조절하는 데 중요한 역할을 합니다. 하품할 때 연구개가 들리면서 공간이 넓어지면 소리가 더 울림 있게 됩니다. 공간을 넓게 만드는 이유는 작은 항아리와 큰 항아리, 둘 중

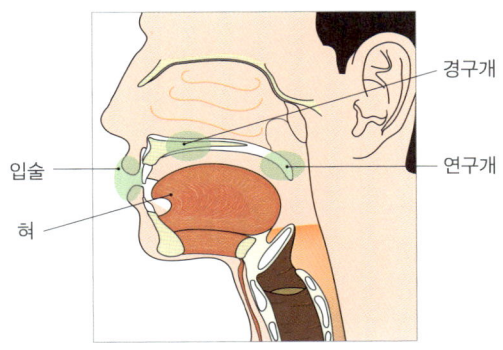

어떤 항아리에서 소리가 더 울리는지를 떠올리면 이해가 쉬울 겁니다.

↳ 탁구공 상상하기 : 만약 연구개가 열리는 느낌이 어렵다면, 입안에 탁구공을 머금고 있다고 상상해 보세요. 이 상상은 입안의 공간을 넓히는 데 도움을 줄 수 있습니다.

• **발성 연습**

↳ 소리내기 : 하품하는 느낌으로 '하~품', '하~마', '할~머니' 등의 소리를 내 보세요. 발음이 조금 어눌해도 괜찮습니다. 중요한 것은 입안의 공간이 열리는 감각을 느끼는 것입니다.

• **실전 연습**

↳ 문장 연습 : 문장을 읽을 때 입안의 공간을 최대한 유지하면서 소리 내는 것이 중요합니다. 리듬감 있게 천천히 읽으며, 공간의 울림을 느껴 보세요.

하~암~하~품~

하~암~할~머니~

하~암~하루 일과를~

하~암~어떻게 보내느냐에 따라~

> 하~암~우리의 일상은~
>
> 하~암~달라질 수 있습니다~

[허밍 연습 방법]

허밍은 목소리의 공명감을 향상하고 소리의 울림을 강화하는 데 효과적인 방법입니다.

• **진동 느끼기** : 어깨를 이완하고 입술을 가볍게 붙인 상태에서 편안하게 '음~~~' 소리를 내 보세요. 이때 혀는 치아에 닿지 않도록 하고 목에 힘이 들어가지 않도록 합니다. 진동이 느껴지는 부분을 확인해 보세요. 코와 입술에서 간질간질한 진동이 느껴지면 좋은 공명입니다.

• **발성 연습**

↳ 소리내기 : '음~~~' 소리를 5초 동안 내며 울림을 유지합니다. 이어서 '마~~~' 소리를 5초 동안 발음합니다. 얼굴 전체에 울리는 공명감을 느끼면서 발성합니다. '마' 소리를 낼 때 배의 움직임도 함께 신경 써야 합니다. 이후 공명감을 느끼며 천천히 문장 읽는 연습을 해 보세요.

• **실전 연습**

↳ 문장 연습 : 문장을 읽을 때도 공명감을 유지하도록 연습합니다. '안녕하세요', '반갑습니다' 같은 문장을 발음할 때 공명감을 느끼면서 말하면 소리가 더 풍부하고 안정감 있게 들립니다.

> 음~맘~밈~뭄~맴~몸~
> 음~ 안~녕~하~세~요~
> 음~반~갑~습~니~다~
> 음~오~늘~ 날~씨~가~ 좋~네~요~

↳ 울림 유지 : 울림을 최대한 유지하면서 한 음절씩 천천히 소리를 내봅니다. 그 후 편안하게 말해 보세요. 소리에 울림이 더해지는 것을 느낄 수 있습니다.

3. 감정 불어넣기

감정 표현은 목소리의 매력을 더하고, 메시지를 더 효과적으로 전달하는 데 필요합니다. 감정이 없는 말투는 국어책을 읽듯 딱딱한 말하기가 됩니다. 감정 표현 연습을 통해 목소리에 감정을 더해 보세요.

[감정 표현 연습 방법]

• **감정에 맞는 톤 연습**

문장을 읽을 때 감정을 담아 말하는 연습을 합니다. 기쁜 소식을 전할 때는 밝고 경쾌한 톤을 사용하고, 슬픈 이야기를 전할 때는 부드럽고 애절한 톤으로 표현해 보세요.

> 기쁜 톤 : 정말 기쁜 소식이다! 진심으로 축하해!
> 슬픈 톤 : 슬픈 소식이지만, 괜찮아. 우리 함께 이겨 내 보자!
> 화난 톤 : 그게 정말이야? 어떻게 나한테 그럴 수 있어!

• **감정을 담아 읽는 연습**

배경 음악을 틀어놓고 대본을 읽는 연습을 합니다. 귀여운 음악, 신나는 음악, 활기찬 음악, 느린 음악 등 다양한 배경 음악을 통해 감정의 폭을 넓혀 보면 좋습니다. 이때 라디오 DJ처럼 각 단어와 문장에 감정을 실어 말하면 목소리의 표현력이 풍부해집니다. 각 단어와 글의 느낌을 최대한 살려서 읽어 보세요.

차 타고 **슝슝** 드라이브하면 바람이 **참 달 거야**. 그치?
바람에서 **단내가** 날 거야.

훌쩍 떠나고 싶은 마음 **꾹꾹** 누르고
여자는 마을버스에 올라탑니다.
잠깐 졸다가 깨 보니 마을버스는 강변을 **달리고** 있었죠.
깜짝 놀라는 여자 옆에서, 남자가 **빙긋** 웃으며 말해요.
"바다에 갑니다. 바다 좋아한다고 해서…"
영화 〈**슬로우** 비디오(2014)〉의 한 장면처럼 마을버스를 그대로 **달려서** 바다로 가고 싶지 않아요?

여기는 씨네타운입니다.

화법의 중요성

부드럽게 말하는 법

무지개처럼 부드럽게 말하면
상대방의 마음에
빛나는 무지개를 그릴 수 있습니다

알록달록 무지개를 함께 그려 보아요

무지개 발성법

틱틱거리고 짜증 섞인 말투는 상대방을 오해하게 만들어요.

"내 의도는 그게 아닌데…"

사소한 말투 차이, 때로는 상처를 주기도, 때로는 위로를 얻기도, 천 냥 빚은 못 갚아도 상처는 주지 말아요. 남을 위해서가 아닌 나를 위해서, 예쁜 마음을 예쁘게 무지개로 전해 보아요.

말에는 뉘앙스가 있죠.
아무리 좋은 의도를 가지고 얘기해도 말투가 딱딱하면 진심이 느껴지지 않아요. 연인, 부부끼리 감정싸움으로 번지는 가장 큰 원인은 말투죠!

예쁜 말하기를 위해서는 동그랗게 말하는 연습이 필요해요. 일명! 무지개 발성법

직선적이고 뾰족한 말투, 툭툭 내뱉는 말투는 친절해 보이지 않습니다.

포물선을 그리듯 동그랗게 말해요.
부드럽게 포물선을 그린다는 느낌으로,
부드럽게 목소리를 둥글린다는 느낌으로,
반원을 그리며 무지개를 그려 보세요.

말에 알록달록 무지개가 생겨나요.

무지개 발성으로
말해요

무지개 발성을 통해 부드럽고 예쁜 말하기를 해 보세요.

• **무지개 곡선 그리기** : 말을 할 때 손으로 함께 무지개를 그리듯이 반원을 그리며 말해 보세요. 이는 발성을 부드럽게 하고, 자연스러운 리듬을 유지하는 데 도움이 됩니다.

• **마지막 글자 편안하게 내뱉기** : 문장의 마지막 글자를 툭툭 던지지 말고 부드럽고 편안하게 내려놓으세요. 이는 말의 어미를 자연스럽게 만들어 줍니다.

• **웃으면서 말하기** : 웃으면서 말하면 목소리가 더 밝고 부드럽게 들립니다. 자신감을 가지고 미소를 띠면서 연습해 보세요. 최대한 부드럽게 소리를 둥글게 둥글게 내세요!

> "안녕하세요. / 만나서 반갑습니다."
>
> "제 이름은 / ㅇㅇㅇ입니다."
>
> "오늘 날씨가 정말 좋네요. / 기분이 좋아요."
>
> "저는 꿈을 이루기 위해 / 매일 노력하고 있습니다."
>
> "저는 매일 아침 / 긍정적인 생각으로 / 하루를 시작합니다."

한 호흡으로 한 문장씩 반원을 그리며 연습해 보세요. 마치 무지개를 그리듯이 부드럽게 곡선을 그리면서 말하는 것이 중요합니다. 마지막 글자를 던지지 않고, 편안하게 내뱉으세요. 웃으면서 부드럽게 소리를 내면 더욱 좋습니다.

사투리는 억양이나 말투에 집착하기보단 소리 자체를 둥글고 부드럽게 낸다고 생각하며 해 보세요!

말끝에 물결을
더해 보세요

"그거 하셨어요?"
"왜 그렇게 하셨어요?"

순간순간 욱하는 마음에
나도 모르게 딱딱해질 때가 있죠.
이럴 땐, 마음과 말에
작은 물결을 쳐보는 것이 도움이 됩니다.

말에 작은 물결을 더해 보세요.
"안녕하십니까~ 반갑습니다~" 또는
"했는데요, 그랬는데요~"처럼

말끝에 부드러운 물결을 더하는 거죠.
이렇게 하면 잔잔한 파도처럼
상대방에게 부드러움과 따뜻함을 전할 수 있습니다.

작은 물결이 말에 더해지면
대화의 분위기가 훨씬 부드럽고 편안해지죠.

지금 바로 말끝에 물결을 더해 보세요.
그러면 진심이 더욱 진실하게 전달될 거예요.

> ↳ 문장들을 발음할 때, 말끝에 'ㅏ' 혹은 'ㅗ'를 붙여 물결을 더해 보세요.
> 예 "했습니다ㅏ~, 했는데요ㅗ~ (단, 너무 길게 끌면 자칫 느끼해질 수 있습니다.)"
> ↳ 말끝을 살짝 올려서 부드럽게 이어지도록 말해 보세요.
> ↳ 긍정적이고 따뜻한 감정을 부드럽게 표현해 보세요.
> ↳ 말끝이 너무 딱딱하지 않게 자연스러운 흐름을 만들어 보세요.

웃으면서
말해요

"혹시 안 좋은 일 있으세요?"
"뭐, 기분 나쁜 일 있어?"

  좋은 목소리는 단순히 목소리의 톤만으로 만들어지는 것이 아닙니다. 목소리는 표정과 마음에 큰 영향을 받죠. 웃으면서 말하면 목소리의 톤도 자연스럽게 밝아지고, 상대방에게 전달되는 감정도 한층 더 따뜻해집니다.

  목소리는 감정을 실어 나르는 매개체입니다. 미소를 지으면서 말할 때, 말은 자연스럽게 긍정적인 에너지를 띠게 됩니다. 표정이 밝으면 목소리도 자연스럽게 밝아지기 마련이죠. "안녕하십니까~ 반갑습니다~"라는 인사도 무표정으로 말하면 차갑고, 건조하게 들릴 수 있지만, 웃으면서 말하면 훨씬 밝고 친근한 느낌을 줍니다.

　웃음은 단순히 감정을 표현하는 것을 넘어 대화의 흐름을 자연스럽게 만들어 줍니다. 웃으면서 말할 때, 말의 끝이 자연스럽게 흐르고 상대방에게 긍정적인 감정을 전달할 수 있습니다. 마치 바다의 파도가 해변에 부드럽게 부딪히는 것처럼 대화의 흐름을 부드럽게 만들어 주는 것이죠. 또한 웃음은 대화의 긴장감을 완화하며 상대방과의 관계를 더욱 유연하게 만들어 줍니다.

　말을 할 때 정보전달만 해서는 호감을 주기 어렵습니다. 말을 통해 감정도 함께 전달해야 하죠. 말하면서 표정을 밝게 하고 미소를 유지하는 것이 중요합니다. 웃으면서 말끝에 물결을 살짝 더해 보세요. 그러면 훨씬 더 부드럽고 따뜻한 대화가 될 거예요.

미소의 효과
마음을 여는 열쇠

미소는 가장 아름다운 색입니다
당신의 미소로 세상을 화사하게 물들여 보세요
미소는 나에게도 상대방에게도
모든 순간을 따뜻하게 그려 줍니다

미소는
만능열쇠

　미소는 굳게 닫혀 있는 마음을 활짝 열어 주는 만능열쇠입니다. 누군가를 만날 때 "반갑습니다!", "즐겁네요!"라는 말만으로는 부족할 때가 있어요. 그 말에 밝은 미소를 더하면 '나는 당신을 만나서 정말 행복합니다'라는 진심을 전할 수 있죠.

　매일 아침 만나는 소중한 가족에게,
　매일 아침 함께하는 든든한 동료에게,
　밝은 미소로 먼저 인사해 보세요.
　서로의 마음이 활짝 열리게 됩니다.

상대방의 마음과 내 마음이 동시에 열리는 마법,
그것이 바로 미소의 힘입니다.

S~m~i~l~e~
C~h~ee~ze~
K~i~m~ch~i~

웃으면서 말해야 목소리도 부드러워진다는 사실!

마음의 문을
여는 법

　미소는 마음의 문을 여는 만능열쇠입니다. 처음 만나는 순간, 서로 어색할 때도 미소 하나로 그 거리를 줄일 수 있죠. 미소는 비언어적 소통의 대표적인 방법입니다. 비언어적 소통이란, 말이나 글 없이 감정이나 의도를 표현하는 방법을 말합니다. 표정, 제스처, 몸짓, 눈 맞춤 등이 그 예입니다.

　호감 가는 말하기를 위해서는 어떤 말을 하느냐보다 어떻게 말하느냐가 중요합니다. 똑같은 인사말이라도 어두운 표정으로 하는 것과 밝은 미소를 지으며 하는 것은 큰 차이를 만들어 냅니다. 종종 말은 잘하는데도 불쾌하거나 기분 나쁘게 들리는 경우가 있죠. 이런 경우 대부분 비언어적 요소를 잘못 사용했을 가능성이 큽니다.

사람들은 미소를 통해 기쁨, 친절, 공감 등 다양한 감정을 표현합니다. "안녕하세요"라는 인사말이 단순히 말로만 전해질 때와 미소와 함께 전해질 때, 그 의미와 감정이 크게 달라집니다. 미소는 친근함과 반가움을 동시에 전달하며, 대화를 더 따뜻하고 호감 있게 만들어 줍니다.

고객이 가게에 방문했을 때, 반가운 인사와 함께 미소를 지으면 어떨까요? 고객은 자신이 환영받고 있다는 느낌을 받습니다. 이는 고객 만족도를 높이는 데 큰 도움이 됩니다. 돈 한 푼 들이지 않고도 긍정적인 서비스를 제공하는 방법이죠. 일상에서도 마찬가지입니다. 친구에게 "오랜만이야!"라고 말하며 미소를 지으면 따뜻함, 기쁨, 환영의 감정을 더할 수 있습니다.

인간관계를 더 풍요롭고 의미 있게 만들고 싶다면, 먼저 웃으며 다가가 보세요. 상대방 마음의 문을 여는 데 큰 도움이 될 것입니다.

미소 훈련 3가지

훈련 방법	단계	효과
매일 미소 연습	거울 앞에서 광대와 입꼬리를 올리며 10초 동안 미소 유지 → 미소 상태 관찰 → 미소 3회 반복	미소의 습관화와 긍정적인 하루 시작
매일 긍정 확언	거울 앞에서 "오늘 하루도 잘 할 수 있어!" 또는 "나는 충분히 잘하고 있어!" 같은 긍정적인 말하기 → 자연스럽게 미소 짓기 → 긍정적인 감정을 충분히 느끼며 하루 시작하기	긍정적인 자아 대화와 미소의 상호작용 연습
미소 일기 작성	눈을 감고 하루 동안 미소를 지은 순간을 회상 → 즐거웠던 순간과 감정을 기록 → 미소의 이유와 느꼈던 감정을 정리	미소의 빈도와 상황을 인식하고 더 자주 웃을 수 있는 동기부여

비언어적
커뮤니케이션의 중요성

　대화의 핵심은 단순히 무엇을 말하느냐가 아니라, 어떻게 말하느냐에 있습니다. 같은 메시지를 전달하더라도 그 전달 방식에 따라 상대방에게 주는 인상은 크게 달라질 수 있습니다.

　미국의 심리학자 '앨버트 메러비언의 법칙'에 따르면, 커뮤니케이션에서 전달되는 메시지의 의미는 7%의 말, 38%의 목소리 톤, 55%의 비언어적 요소로 구성된다고 합니다. 즉 말의 내용보다 그 말을 어떻게 전달하느냐가 커뮤니케이션에서 더 큰 영향을 미친다는 것입니다. 비언어적 요소에는 눈 맞춤, 몸짓과 표정 그리고 목소리의 톤과 억양이 포함됩니다. 두 명의 의사가 동일한 질문을 하더라도 그 방식에 따라 느낌이 크게 달라질 수 있습니다.

> A 의사 : "어제 어떠셨어요? 약은 드셨어요?"라고 말하며 차트만 바라봅니다.
> B 의사 : "어제 어떠셨어요? 약은 드셨어요?"라고 말하면서 눈을 바라보고 적극적으로 감정을 전달합니다.

어떤 의사에게 감사함과 호감을 느낄까요? 메러비언의 법칙으로 알 수 있듯이 비언어적 요소는 말의 내용만큼이나 중요합니다. 때로는 말보다 더 강력한 메시지를 전달할 수 있습니다.

그래서 대화할 때는 말의 내용뿐만 아니라 그 전달 방식을 신경 써야 합니다. 상대방의 눈을 바라보며 진정성 있는 표정과 몸짓으로 감정을 표현하고, 적절한 목소리 톤을 사용하는 것이 중요합니다. 이러한 노력의 차이가 호감도와 신뢰도를 크게 결정짓습니다.

언어의 포장

긍정적인 표현법

긍정의 리본으로 말을 정성껏 감싸면
감동과 따스함을 선물합니다
정성스럽게 포장된 말 한마디가
마음에 온기를 더하는 법이죠

정성스럽게
포장해요

행복한 사람은 긍정적인 관점으로 바라보고 말을 합니다.

컵에 반쯤 담긴 물을 보며
"물이 반밖에 남지 않았네!"라고 하는 사람과
"물이 반이나 남았네!"라고 하는 사람이 있습니다.
둘 중 어떤 사람이 평소 더 행복감을 느낄까요?

똑같은 상황에서 누군가는 긍정적으로,
누군가는 부정적으로 세상을 바라봅니다.
같은 맥락일지라도 표현의 방식은 다양하죠.
선물을 포장하듯 정성스럽게 말을 포장해요.

예쁘게 포장하면 주는 사람도 받는 사람도
기분이 좋아지거든요.

"나는 피부 안 좋은 사람 싫어!"보다
"나는 피부 좋은 사람이 좋아!"
"나는 술 많이 마시는 사람이 싫어!"보다
"나는 술 적게 마시는 사람이 좋아!"

'아' 다르고 '어' 다르듯 긍정적인 말로 표현해요.
부정적인 말보다 긍정적인 말을 해요.
정성이 담긴 말은 상대방에게 감동을 준답니다.

선물을 포장하듯
정성스럽게 말을 해요

　말의 포장은 누군가에게 전하는 감정과 태도입니다. 선물처럼 정성스럽게 포장된 말은 받는 사람에게 기쁜 마음과 따뜻한 감정을 전달할 수 있습니다. 같은 상황에서도 긍정적으로 표현하는 것이 중요한데, 이를 '프레이밍 효과'라고 합니다. 프레이밍 효과는 같은 맥락이어도 표현 방법에 따라 상대방의 생각과 선택이 달라지는 현상을 의미합니다.

　우리는 일상에서 수많은 상황을 맞닥뜨립니다. 이 상황을 어떻게 표현하느냐에 따라 감정과 경험은 달라질 수 있습니다. 긍정적인 표현과 부정적인 표현은 같은 상황에서도 상반된 감정을 유발하며, 긍정적으로 표현하면 상대방의 기분을 상하게 만들지 않고 솔직한 의견을 전달할 수 있습니다.

오늘도 일이 많네… 진짜 힘들어!
 오늘은 일이 많지만, 하나씩 해 나가면 끝낼 수 있을 거야!

 너무 어려워! 도저히 해결할 수 없어!
 복잡하지만 하나씩 해결하다 보면 좋은 결과가 있을 거야.

 상황이 정말 최악이야!
 이 상황에서 우리가 배울 점이 분명히 있을 거야.

 너는 항상 늦어! 그래서 문제야!
 다음에는 좀 더 일찍 오는 게 좋을 것 같아.

 그런 걸 왜 봐? 나는 하나도 재미없던데?
 나는 다른 스타일의 장르를 좋아해!

긍정적인 말은 문제를 해결하는 힘을 주고, 부정적인 말은 문제를 더 어렵게 만들죠. 또한 긍정적인 표현에 진심이 담긴다면 상대방에게 감동을 줄 수 있습니다.

"너의 노력 덕분에 이 프로젝트가 성공적으로 진행될 수 있었어. 고마워!"

정성스럽게 포장된 말은 상대방의 기분을 좋게 하고, 서로의 관계를 더 깊이 있게 만들어 줍니다. 한마디를 하더라도 정성스럽게 표현하는 연습이 필요합니다.

> "당신이 내 곁에 있어서 늘 든든해."
> "당신 덕분에 나는 항상 행복해."
> "네가 이 일을 위해 얼마나 노력했는지 알고 있어. 고마워!"
> "덕분에 일이 잘 진행되고 있어요. 정말 감사해요."
> "네가 보여 준 열정과 헌신에 매우 감동했어!"
> "오늘도 열심히 일하는 너를 보니까 나도 더 열심히 해야겠다는 생각이 들어."
> "네가 없었다면 이 일은 절대 성공하지 못했을 거야."

말은 단순한 의사소통의 도구가 아닙니다. 진심을 담아
정성스럽게 표현해요

부정적인 표현과 긍정적인 표현

부정적인 표현	긍정적인 표현
구두쇠	절약가
비싸다	프리미엄
싸다	가성비
고집이 세다	원칙이 확고하다
비판적이다	개선을 추구한다
문제를 자주 일으킨다	도전적인 태도를 가진다
일 처리가 느리다	꼼꼼하다
느리다	신중하다
게으르다	여유롭다

부정적인 표현	긍정적인 표현
우유부단하다	신중하다
무계획적이다	즉흥적이다
독단적이다	주도적이다
냉정하다	공과사가 확실하다
멀티가 안 된다	한 가지 일에 몰두한다
겁이 많다	안정을 추구한다
예민하다	섬세하다
무뚝뚝하다	침착하다
말이 많다	친화력이 좋다
협동심이 없다	독립적이다
미숙하다	경험이 부족하다
무례하다	솔직하다
지나치다	열정적이다
멍청하다	순진하다
비현실적이다	창의적이다
불친절하다	직설적이다
무책임하다	자율적이다

부정적인 표현	긍정적인 표현
자만하다	자신감이 넘친다
변덕스럽다	유연하다
말을 안 듣는다	독립적이다
일관성 없다	다양한 시각을 가진다
의존적이다	협력적이다

현명한 대화법

갈등을 해결하는 말

따뜻한 말은

얼어붙은 마음을 녹이고

관계를 꽃피우는 씨앗이 됩니다

갈등을 해결하는 대화법

말은 갈등을 잠재우는 부드러운 손길입니다.
상대방의 행동을 바꾸기보다는,
대화를 통해 갈등을 풀어 가세요.

서로의 마음을 이해하며
함께 성장할 수 있는 길을 찾아보세요.
대화의 온기로 갈등을 녹이고,
서로의 마음에 따뜻함을 전하세요.

갈등의 구름을 걷어내는 따스한 햇볕.
그것은 바로 말에 있습니다.

현명한 대화법
: 이해, 긍정, 방향 전환의 힘

"대화로 갈등을 해결할 수 있을까요?"

많은 사람이 이런 질문을 던집니다. 감정의 골이 깊어질수록 과연 대화로 풀어 나갈 수 있을까 걱정이 들기 마련입니다. 그렇다고 갈등을 피하는 것만이 능사는 아니죠. 갈등이 발생했을 때 현명하게 대처하고, 나아가 갈등이 일어나지 않도록 하는 요령이 필요합니다.

현명한 사람들은 갈등을 대처할 때 비난으로 시작하지 않습니다. 상대방의 상황을 이해하며 대화를 긍정적으로 시작합니다. 문제가 생겼다고 해서 감정적으로 반응하지 않습니다. 갈등의 원인을 파악하고 문제를 해결할 수 있는 방향으로 대화를 전환합니다. 적은 노력과 요령으로 갈등을 줄이면 좋지 않을까요?

1. 상대방의 관점에서 이해하기

갈등은 보통 서로의 상황을 이해하지 못하면서 시작됩니다. 서로의 상황을 이해하려는 노력은 대화의 첫걸음입니다. "왜 이렇게 늦어? 빨리빨리 준비해. 다들 기다리잖아!"라고 비난의 뉘앙스로 말하면 갈등이 시작될 수 있습니다. 상대방의 상황을 고려하지 않는 표현이기 때문입니다. 이런 표현 대신 "무슨 일 있어? 다들 기다리고 있는데 늦어져서 걱정이야"라고 말하면 어떨까요? 상대방은 본인의 상황을 설명할 기회를 얻고 문제 해결을 위한 대화를 나눌 수 있습니다.

2. 긍정적인 표현으로 포장하기

갈등 상황에서도 긍정적인 표현을 사용하면 대화가 훨씬 부드러워집니다. 긍정적인 말은 서로의 오해를 줄이고 갈등을 예방하는 데 효과적이죠. 약속 시간에 늦는 친구에게 "언제 와? 왜 이렇게 늦어? 짜증 나!"라고 말하면 감정만 상하게 될 뿐 상황은 변하지 않습니다. 친구는 이미 늦었으니까요. 이런 표현은 불만과 지적만 가득해 서로가 불편해질 뿐입니다.

반면 "많이 늦네? 괜찮아. 천천히 와도 돼. 나는 근처 카페에서 편하게 기다리고 있을게"라고 말해 보세요. 이런 표현에 친구는 지각에 대한 부담감을 덜고, 이해받고 있다는 느낌을 받을 수 있습니다. 짜증 내기보다는 부드럽게 말할 때 상대방은 더 큰 미안함을 느끼게 됩니다. '앞으로 다시는 안 볼 거야!' 하는 상황이 아니라면 좋게 표현하는 것이 정신 건강에도 훨씬 이롭습니다.

3. 비난보다 해결책 제시하기

갈등을 원만하게 해결하려면 직접 비난하지 마세요. 대신 해결책을 제시하는 것이 더 효과적입니다. 가족이 함께 대청소하는 날, 가족 구성원 중 한 명이 청소에 소극적일 때 "너, 왜 이렇게 청소를 열심히 안 해? 너 빼고 다 열심히 하고 있잖아!"라고 말하면 갈등이 생기게 됩니다.

비난은 상대방을 방어적으로 만들고 상황을 악화시킬 수 있죠. 이런 표현 대신 "우리 청소 구역을 나눠 보면 어때? 내가 거실을 할 테니, 너는 욕실을 정리해 줘"라고 제안해 보세요. 문제를 직접 비난하지 않으면서도 해결 방법을 제시할 수 있습니다. 역할을 명확히 하여 협력적인 분위기를 만들 수 있습니다.

대화의 방향을 비난에서 해결책 제시로 바꾸면 상대방을 방어적으로 만들지 않고, 문제를 효과적으로 해결할 수 있습니다. 서로 협력하며 문제를 해결해 나가는 것이 중요합니다.

강요와 제안

상대방을 진심으로 위한다면
강요보다는 제안하세요.

강요는 벽을 세우고
대화의 길을 막습니다.
서로를 가로막고
단절을 만듭니다.

하지만 제안은 다리를 놓아
우리를 이어 주는 다리가 됩니다.
대화의 흐름을 자연스럽게 하고

서로의 의견을 부드럽게 맞춰 줍니다.

벽을 세울 건가요?
아니면 다리를 놓을 건가요?

강요하지
말아요

명령과 강요는 대화를 무겁고 불쾌하게 만듭니다. '이렇게 해라', '저렇게 해라'라는 지시가 상대방 마음의 문을 닫게 할 수 있습니다. 식사 자리에서 누군가가 "너, 이거 남기지 말고 다 먹어!"라고 강요할 때, 불편했던 적이 있나요? 누군가가 자신의 입맛이나 식습관에 맞지 않는 음식을 강제로 먹으라고 하면 부담스러울 수 있습니다. 자신의 자유를 존중받지 못한다고 느끼기 때문이죠.

반면 제안이나 질문으로 접근해 보면 어떨까요? 같은 상황에서 "이 음식 진짜 맛있어. 한 입만 먹어 볼래?" 또는 "맛있게 먹는 방법 알려 줄까?"라고 제안하면, 상대방은 강요가 아닌 선택의 자유를 느끼게 됩니다. 제안은 상대방이 자신의 의견을 표현할 기회를 얻고, 자발적으로 참여할 수 있도록 합니다. 이렇게 말하는 것이 대화를 더 원활하게 만들어 주죠.

사람은 본능적으로 강요당하는 것을 싫어합니다. 마치 청개구리와 같죠. 누군가가 강제로 하라고 하면 더 반항하고 싶어지는 것입니다. 아이가 공부하지 않는다고 해서 "너 이번에 성적 안 올라가면 스마트폰 금지야!"라고 강요하면, 아이는 오히려 더 반발하고 공부에 대한 부정적인 감정을 느끼게 됩니다. 대신 "이번에 성적 올라가면 뭐 선물해 줄까? 갖고 싶은 거 있어?"라고 제안하는 것이 좋습니다. 보상 심리를 통해 스스로 계획을 세우고 자발적으로 공부를 하게 되는 것이죠.

대화는 강요하지 않고 서로를 존중할 때 가장 자연스럽게 이어집니다. 상대방의 의견을 수용하고 자율성을 인정하는 것이 중요합니다. 회의에서 동료가 제안한 아이디어를 무시하고 "이건 안 될 거야"라고 단정짓기보다는, "이 아이디어를 좀 더 구체화해 볼 수 있을까?"라고 말하는 것이 좋습니다. 이렇게 하면 상대방은 자신의 의견이 존중받고 있다고 느끼며 대화의 흐름이 원활해집니다.

강요는 벽을 세우지만, 제안은 다리를 놓습니다. 벽은 상대방과의 거리를 느끼게 하고, 대화의 흐름을 차단합니다. 연인에게 "술 좀 줄여!"라고 말하기보다 "술 말고 다른 취미를 가져보면 어떨까?"라고 제안해 보세요. 제안은 서로를 존중하는 다리 역할을 하며 대화의 길을 열어 주고 두 사람 간의 소통을 부드럽고 원활하게 만듭니다.

66

우리의 작은 말 한마디가
상대방의 하루를 밝게 만들 수 있습니다.
예쁘게 말하는 것은
단순히 말을 다르게 하는 것이 아니라
상대방에 대한 관심과 배려를
표현하는 방법입니다.

99

PART 03

좋은 인연을
만드는 대화법

/

소통의 기술

어색한 대화를 위한
마법의 한 스푼

칭찬의 힘

고래를 춤추게 하는 법

칭찬이란

상대방 마음에 따스한 햇살을 비추는 일

나의 진심이 햇살처럼 퍼져

행복의 무지개를 그려요

기분 좋은
칭찬

기분 좋은 칭찬은 고래도 춤추게 하며,
상대방의 마음에도 즐거움을 전합니다.
누구나 인정받고 싶어하고,
자신의 가치를 인정해 주는 사람에게
자연스레 호감을 느끼게 되죠.
하지만 영혼 없는 칭찬을 남발하면
오히려 마이너스가 될 수 있습니다.

칭찬에는 세심한 노력이 필요합니다.
구체적이고 진심 어린 칭찬이 가장 효과적입니다.
"오늘 발표 준비 정말 잘했어!" 혹은

"네가 준비한 내용이 훌륭했어!" 같은
구체적인 칭찬이 좋습니다.
단, 외모나 능력에 대한 칭찬은 상황에 따라
'실례'가 될 수도 있으니 주의가 필요합니다.

칭찬이 부끄럽고 어색하다면
먼저 자신에게 칭찬해 보세요.
거울 앞에 서서 나의 장점을 발견하고
칭찬하는 연습을 해 보는 것도 좋습니다.
나를 긍정적으로 바라보는 연습으로
자연스럽게 다른 사람에게도
진심 어린 칭찬을 건넬 수 있습니다.

진심을 담아 구체적으로 칭찬하며,
서로의 가치를 인정해 주는 것.
그것이 진정한 칭찬 아닐까요?

칭찬에도 연습이 필요합니다.

진심 어린
칭찬의 힘

　때로는 좋은 의도로 한 칭찬이 부정적인 결과를 초래할 때가 있습니다. 혹시 그런 경험이 있었다면 칭찬하는 방식을 바꿔 보세요. 칭찬은 구체적이고 진심이 담긴 표현이 중요합니다. 단순히 "오늘 예뻐 보이네요!"보다는 "오늘 입은 하늘색 셔츠가 참 잘 어울려요!"처럼 구체적으로 칭찬하는 것이 더 효과적입니다.

　외모보다는 상대방이 신경 쓰고 노력한 부분을 칭찬하는 것이 좋습니다. 특히 외모를 칭찬할 때는 주의해야 합니다. 무심코 한 칭찬이 상대방에게는 약점일 수도 있기 때문이죠.

　"○○씨 엄청 날씬하네요?"라는 칭찬에도 각기 다른 반응이 나옵니다. 듣기에 따라 누군가는 기분 좋을 수 있지만 마른 체형이 콤플렉스인 사람에게는 놀리는 것처럼 느껴질 수 있죠. 타고난 외모를 칭찬하기보다는 그 사람이 신경 쓰고 노력한 부분에 대해 칭찬해 보세요.

"귀걸이 너랑 진짜 잘 어울린다!"
"오늘 바른 립컬러 뭐야? 엄청 예뻐! 잘 어울린다!"
"부장님, 오늘 넥타이가 멋지세요!"
"시계가 대리님하고 잘 어울려요, 멋져요!"

칭찬하면 상대방은 본인의 노력을 인정받는 기분을 받습니다.

칭찬할 때는 시기와 장소도 중요합니다. 팀 미팅에서는 공개적으로 칭찬해 팀 분위기를 높이고, 개인적인 자리에서는 조용히 칭찬해 진심을 전달하세요. 상대방의 입장에서 생각하고, 그들이 자랑스러워하는 부분을 파악해 진심 어린 칭찬을 전하세요.
또한 칭찬을 잘하기 위해서는 상대방의 입장에서 생각하는 것이 중요합니다. 상대방이 어떤 점을 자랑스럽게 여기고 있는지, 어떤 부분에서 칭찬받고 싶어 하는지를 파악하는 것이 필요하죠. 진심 어린 칭찬은 단순한 말이 아닌 상대방에 대한 관심과 존중에서 나옵니다.

마지막으로 칭찬은 상대방의 자존감을 높이고 긍정적인 에너지를 전하는 강력한 도구입니다. '따뜻한 말 한마디가 긴 하루를 밝힐 수 있다'는 말처럼, 진심 어린 칭찬은 사람의 마음을 움직이는 힘을 가지고 있습니다. 주변 사람들에게 진심 어린 칭찬을 아낌없이 해 보세요.

부메랑
같은 말

"사랑은 돌아오는 거야!"

어릴 때 좋아했던 드라마의 명대사입니다.
사랑이 돌아오는지 아닌지는 잘 모르겠지만…

한 가지 확실한 것은
칭찬은 돌아와요.

상대방을 위한 칭찬은 돌고 돌아 다시 나에게 오죠.
기다리지 말고 상대방을 먼저 칭찬해 봐요.

상대방도 당신을 칭찬하기 위해 열심히 고민할 거예요.
이것이 진정한 창조 칭찬! 칭찬의 선순환!

마음의
구두쇠

마음을 아끼지 말아요.
종종 다른 사람의 실수는 쉽게 지적하면서,
그들의 업적은 칭찬하지 않죠.

단점은 세심하게 찾아내고,
장점은 잘 보지 않습니다.
나쁜 것은 과하게 쏟아 내지만,
좋은 것은 아껴 두는 경향이 있어요.

이제는 다르게 해 봐요.
마음을 아끼지 말고, 팍팍 써 보세요!

소중한 연인에게, 가족에게, 동료에게,
"사랑해"
"고마워"
"당신 덕분이야"
"당신이 최고야"라고 말해 보세요.

오늘부터는 좋은 것을
아낌없이 마음껏 나누어 주세요.
긍정적인 말 한마디가
누군가의 하루를 밝게 만들 수 있답니다.

칭찬의 기술
5가지

1. 구체적으로 한다

칭찬은 구체적일수록 효과적입니다. 상대방이 어떤 점에서 잘했는지 정확히 언급해 주세요. 이는 칭찬받는 사람이 자신의 성과를 명확히 이해할 수 있게 하고, 앞으로 더 나은 결과를 만들기 위한 동기부여가 됩니다.

> "오늘 회의에서 제시한 해결책 정말 좋았어! 덕분에 수월하게 진행되고 있어."

2. 진정성 있게 한다

칭찬은 진심이 담겨 있어야 합니다. 겉치레나 형식적인 칭찬보다는 진정성에서 우러난 칭찬이 가장 큰 효과를 발휘합니다. 상대방은 진심을 느끼고, 더욱 신뢰하고 긍정적으로 받아들일 것입니다.

> "이번 발표 진짜 열심히 준비했구나? 노력한 만큼 좋은 결과가 나와서 나도 기쁘다."

3. 타이밍에 맞게 한다

칭찬은 성과나 행동이 바로 나타났을 때 즉시 해야 효과적입니다. 적절한 시기에 칭찬하면 상대방은 자기 행동이 즉각적으로 인정받았다는 것을 느끼고, 더 큰 노력을 기울이게 됩니다.

> "도와줘서 고마워! 덕분에 큰 힘이 되었어."

4. 동기부여를 준다

칭찬을 통해 상대방의 동기를 자극하고, 계속해서 좋은 결과를 내도록 격려합니다. 칭찬은 단순히 결과를 인정하는 것에서 끝나지 않고, 앞으로의 노력을 이끌어 내는 역할을 합니다.

> "이번에 너무 잘했어! 이번처럼 하면 앞으로 계속 더 큰 성과를 이룰 수 있을 거야."

5. 솔직하게 말한다

칭찬은 과장되지 않고 솔직해야 합니다. 지나치게 과장된 칭찬은 오히려 신뢰를 떨어뜨릴 수 있습니다. 진실하고 솔직한 칭찬이 가장 신뢰를 얻을 수 있습니다.

> "오늘 업무 속도가 빨라졌네. 네가 일을 효율적으로 처리하는 게 정말 좋았어."

수다의 힘

대화의 기술

가벼운 말로 시작되는 작은 대화

마음속 꽃을 피워 내는 큰 변화

프로 수다꾼

수다를 시작할 때,
거창한 계획을 세울 필요는 없습니다.
가벼운 대화로 자연스럽게 시작하는 것이 중요하죠.
일상적인 주제나 날씨, 최근의 휴가 계획 같은
가벼운 주제로 시작해 보세요.

처음 대화를 시작할 때는 부담 없는 질문이 좋습니다.
"휴가 계획 있으세요?" 또는
"최근 날씨가 참 좋죠?" 같은 질문으로
상대방의 관심을 끌어 보세요.
상대방이 답하면, 그 대답에 공감하며

대화를 이어 가는 것이 핵심입니다.

개인적인 정보나 민감한 질문은 피하세요.
"어느 아파트 사세요?" 또는
"연봉이 얼마인가요?" 같은 질문은
상대방에게 부담을 줄 수 있습니다.

가벼운 수다로 먼저 시작하여
편안한 분위기를 만들어 보세요.
그러면 대화가 자연스럽게 흐르고,
서로의 이야기에 더 깊이 들어갈 수 있습니다.

아임 파인 땡큐!

누군가 이렇게 질문합니다.

"How are you?"

어떻게 대답할 건가요? 한번 맞춰 볼게요.

"I'm fine thank you, and you?"

대화를 잘 이어 가는 방법은 질문입니다.
자기 할 말만 하는 사람과는 대화가 재미없죠.

"잘 지내셨나요?"라고 물어볼 때,
"예, 잘 지냈습니다"라고 대답하면
대화가 단절되죠.

대화가 단절되지 않으려면
딱 한마디만 더해 보세요.
"잘 지내셨나요?"
"예, 잘 지냈습니다! ㅇㅇ씨도 잘 지내셨죠?"

서로의 관심을 지속해서 확인하며
대화를 이어 가 보세요.
작은 관심과 질문이 대화를
더욱 풍성하게 만들어 줄 거예요.

대화의 정석
5가지

 누군가와 처음 대화를 나눌 때 참 어색한 때도 있습니다. 업무를 위한 미팅, 연애를 위한 소개팅, 새 학기를 맞아 처음 나누는 대화 등 매일 새로운 누군가를 만나게 됩니다. 의도하지 않아도 대화해야 하는 순간들이 있죠. 그럴 때 무슨 말을 할지 머리가 하얘졌다면 다음을 기억하세요.

1. 먼저 질문하기
 혹시 상대방이 먼저 말을 꺼내기 전까지 가만히 있나요? 이제부터는 먼저 가볍게 대화를 시작해 보세요. 주제는 부담 없이 주고받을 수 있는 가벼운 질문이 좋습니다.

> "이번 여름휴가 계획이 있나요?"
> "식사는 하셨어요?"
> "오시는데 차가 밀리지는 않았나요?"

이때 정치나 종교, 사회, 시사 같은 다소 예민하고 생각이 다를 수 있는 주제는 꺼내지 않는 것이 좋습니다. 깊이 있는 질문은 어느 정도 대화를 주고받은 후 상대방에 대한 파악이 되었을 때 하는 것이 좋습니다. 처음 보는 자리에서 다짜고짜 어려운 질문을 하는 것은 소개팅에서 미래의 자녀 이름을 고민하는 것과 같습니다.

2. 관심 끌어내기

대화를 잘 이어 나가기 위해서는 상대방이 관심을 가질 만한 주제로 말을 해야 합니다. 하지만 처음 보는 상대방의 관심사를 알기란 쉽지 않은 일이죠. 이럴 땐 내 이야기를 먼저 꺼내면서 상대방의 관심을 확인하는 것이 좋습니다.

> "이번에 개봉한 영화 봤어요? 보고 왔는데 재밌더라고요! 어떤 장르 좋아하세요?"
> "이번에 나온 신곡 들어봤어요? 저는 재즈풍의 음악을 좋아하는 데 좋더라고요!"

개방된 질문은 상대방에게 자기 이야기를 공유함으로써 대화의 흐름을 만들어 줍니다. 또한 상대방이 자연스럽게 참여하게끔 유도할 수 있죠. 첫 만남뿐만 아니라 오랜 관계에서도 유용하게 쓰이는 방법입니다. 단순히 "오늘~~일이 있어서 기분이 나빴어!"라고 말하기보다는, "오늘~~일이 있었는데, 너는 어떻게 생각해?"라고 덧붙여 보세요. 자연스럽게 서로의 생각을 주고받을 수 있습니다.

3. 관심 표현하기

상대방이 이야기할 때 적극적인 공감과 관심을 표현하는 것이 중요합니다. '저는 당신의 말을 귀 기울여 듣고 있습니다', '저는 당신과의 대화가 무척 즐겁습니다'라는 느낌을 열정적으로 표현하는 것이죠.

> "아~그러시군요, 정말 힘드셨겠어요."
> "와! 진짜요? 재밌었겠네요!"
> "그래서요? 그다음에 어떻게 됐는데요~~?"

　적극적인 리액션으로 호응하면 상대방은 대화가 즐겁다고 느끼게 됩니다. 적극적인 공감은 신뢰 관계를 형성합니다. 또한 상대방이 더 깊이 있는 대화를 나누고 싶게 만들죠. 감정을 공유하며 서로를 이해하는 것이 핵심입니다.

4. 주제 넓히기

　가벼운 대화가 어느 정도 진행되면 더 깊은 대화를 나눠야겠죠. 이때 갑자기 다른 주제의 이야기를 꺼내기보단 지금까지 나눴던 대화를 확장하는 방식으로 하면 좋습니다.
　만약 최근에 본 영화에 대해 대화를 나눴다면 질문해 보세요.

> "가장 좋았던 장면이 있나요?"
> "혹시 비슷한 주제의 다른 영화도 추천해 줄 수 있나요?"

대화가 단순한 정보 교환을 넘어 서로의 취향과 관심사를 나누는 풍부한 대화로 발전하게 되죠. 또한 대화의 깊이를 더하고 새로운 주제로의 전환으로 다양한 대화를 이어갈 수 있습니다.

5. 대화의 마무리

대화의 시작만큼 중요한 것은 대화의 마무리입니다. 즐겁게 대화를 이어 가다가 갑자기 대화를 툭 끊게 되면 앞에 좋았던 기억은 잊히게 됩니다. 다시 어색한 공기에 침묵하게 되겠죠. 긍정적인 인상을 남기며 대화를 마무리해 보세요. 이때 내 이야기보다 상대방의 이야기를 하면 좋습니다.

> "오늘 ○○○씨 덕분에 시간 가는 줄 몰랐어요~ 다음에 또 이야기해요!"
> "같이 대화해서 즐거웠어요! 덕분에 한참을 웃었네요!"

긍정적인 인상을 남기며 상대방을 칭찬해 보세요. 대화 중간중간 어색한 침묵이 있었더라도 좋은 기억으로 남게 됩니다. 그리고 다음 대화를 더욱 기대하게 만듭니다.

이는 일상 대화뿐만 아니라 면접 같은 중요한 자리에서도 적용됩니다. 면접관이 "마지막 할 말 없어요?"라는 질문을 할 때 지원자 대다수는 본인이 미처 하지 못했던 준비했던 말을 급하게 꺼냅니다. 이때 "오늘 면접관님들이 좋은 분위기를 이끌어 주셔서 정말 소중한 경험이 되었습니다. 결과에 상관없이 감사하다는 말씀을 꼭 드리고 싶었습니다. 감사합니다!"라고 말한다면, 면접관들에게 더욱 긍정적인 인상을 남길 수 있겠죠.

대화는 단순히 말을 주고받는 것 이상의 의미를 갖습니다. 상대방에게 호감을 얻고 매력을 발산할 수 있는 수단이죠. 물론 누군가에게 잘 보이기 위해서만 할 필요는 없습니다. 어차피 흘러가는 시간, 대화로 즐거움을 얻는다면 그것이 가장 좋은 대화겠죠.

소통의 원칙
3가지

 경청하기

↳ 상대방의 말을 귀 기울여 들으면 감정과 생각을 이해할 수 있어요.

 호응하기

↳ 잠시 하는 일은 내려놓고 상대방을 바라봐요.

 질문하기

↳ 열 마디 말보다 한마디 질문이 소통을 만들어요.

언어의 품격

호감 가는 대화법

화려한 의상과
화려한 메이크업
화려한 모습도 중요하지만
'언어 스타일링'
우리 말에도 스타일링이 필요해요

언어
스타일링

대화법은 이미지를 결정짓는
중요한 요소입니다.

누군가를 만날 때
헤어 스타일과 의상 스타일에 신경 쓰듯,

말에도
'언어 스타일링'이 필요합니다.

대화법을 신경 쓰고 있나요?
입만 열면 깨는 사람과

듣다 보면 빠져드는 사람의 차이는
대화법에 있습니다.

말 잘하는 것도 중요하지만,
잘 말하려는 노력도 필요합니다.

이 자식!

매력적으로 말을 잘하고 싶다면,
'이 자식!'을 기억하세요.

이 말을 할까 말까 고민될 때는, 하지 않는 것이 나을 수 있습니다. 대부분 후회를 남기기 때문이죠.

자 신감을 가지고 말을 해야 합니다. 어차피 해야 하는 상황이라면, 쭈뼛거리지 말고 당당하게!

상한 멘트일지라도, 말의 맛을 살려 표현해 보세요. 모든 언어에는 감정이 담겨 있습니다.

감정을 잘 살려서 말하면 훨씬 매력적인 대화를 나눌 수 있죠.

후회를 남기지 않는 말 습관 3가지

"아, 그때 그렇게 얘기하지 말 걸!"
"내가 너무 혼자만 말했나?"
"혹시 나 별로였을까?"

누군가와 대화를 나눈 후 혼자 있는 시간, 이불킥을 할 때가 가끔 있습니다. 지나간 대화를 떠올릴수록 부끄러움과 후회가 남을 때가 있죠. "조금만 더 신중했더라면…" 하는 후회를 백번, 천 번 해도 한번 뱉은 말은 주워 담기 어렵습니다. 말을 할 때 호감이 생기게 잘 말하는 것도 중요하지만 비호감으로 말하지 않는 것도 중요하죠.

1. 지나친 솔직함은 피하기

대화할 때 솔직하게 말하는 것은 당연히 필요하죠. 하지만 과하게 솔직할 필요는 없습니다. 굳이 거짓말까지 하지는 않더라도 모든 속사정을 이야기할 필요도 없는 것이죠. 특히 TMI(Too much information)를 조심해야 합니다. 상대방이 굳이 궁금하지도, 물어보지도 않은 말을 혼자 신나서 할 때가 있습니다. 보통 이럴 때 말실수와 후회가 생기죠. 많은 말을 하게 되면 그만큼 말실수도 많아지는 법이니까요.

호감 가는 사람은 상대방의 반응을 살피며 대화의 호흡을 적절하게 조절합니다. 말하고 있는 내용이 상대방에게 잘 전달이 되는지, 상대방이 부정적으로 듣고 있지는 않는지 실시간으로 표정을 살피며 대화를 이어 나가죠. 반면 TMI 혹은 눈치가 부족한 사람은 상대방을 살피지 않고 본인의 생각을 여과 없이 표현합니다.

친한 친구를 아는 지인에게 소개해 준 적이 있습니다. 선남선녀끼리 잘 이뤄지길 바랐죠. 그러나 결과는 좋지 않았습니다. 나중에 이야기를 들어 보니 TMI가 문제였습니다.

"저는 헤어져도 친구처럼 잘 지내요~ 가끔 연락도 주고받고 서로 응원해요."

물론 친구의 마음도 이해가 갑니다. 그만큼 건전한 연애를 해 왔다는 것을 어필하고 싶었겠죠. 하지만 듣는 상대방의 입장은 달랐습니다. 다른 이성의 이야기를 꺼내고 친구처럼 여전히 잘 지낸다는 말에 마음의 문을 닫아 버린 것이죠. 정말 착하고 좋은 친구였지만 지나치게 솔직한 대화가 오히려 마이너스가 된 상황입니다.

불필요한 솔직함은 오히려 상대방에게 부담을 갖게 합니다. 물론 거짓말을 입에 달고 사는 것보다는 좋겠지만, 뭐든 과하면 안 되는 법이죠. 과유불급(過猶不及)은 대화에서도 같이 적용됩니다.

2. 흥분해서 말하지 않기

서로 의견 충돌이 있거나 억울한 상황에 놓이게 되면 누구나 흥분합니다. 이럴 때, 순간적인 화를 참지 못해 험한 말을 하게 되면 상대방은 물론이고 나에게도 상처를 남기죠. 화를 참는 것은 어떻게든 가능하지만 상처받은 마음을 회복하는 것은 굉장히 어려운 일입니다.

누군가 무례한 말을 하거나 기분 나쁜 말을 했을 때 흥분하게 되면 판단력이 흐려집니다. 그 결과, 조리 있게 말하지 못해 나중에 '아! 그때 이렇게 얘기할 걸!!!'이라는 후회를 남기죠.

무조건 참고 억누르는 것이 아닙니다. 좀 더 효율적인 방법으로 감정 표현을 하는 것이 좋습니다. 흥분한 상태로 말하면 "뭐 이런 걸로 화내고 그래?"라는 말로 오히려 상대방에게 반박의 여지가 생기죠. 차라리 조곤조곤한 말투로 이야기할 때 말에 무게가 생기고 경고의 의미가 강해집니다. 그것도 아니라면 그냥 무시하는 것도 하나의 방법입니다. 감정적으로 맞대응하기보단 차라리 반응하지 않는 것이죠.

저는 운전할 때 절대 흥분하거나 욕하지 않습니다. 어차피 그 욕은 내 입으로 말하고 내 귀로만 듣기 때문이죠. 대화에서도 마찬가지입니다. 화내고 욱해 봐야 내 입으로 말하고 내 귀로 함께 듣습니다. 또한 감정에 휩싸이면 상황을 객관적으로 볼 수 없게 되고, 문제 해결을 더욱 어렵게 만듭니다. 참을 인(忍) 세 번이면 살인을 면한다는 말을 풍자하는 말로, 참을 인(忍) 세 번이면 호구가 된다는 우스갯소리가 있습니다.

살다 보면 당연히 화를 내야 하는 순간도 분명 있습니다.

나의 감정을 확실히 전해야 할 때도 있습니다. 그러나 그 빈도가 높아지면 높아질수록 후회를 남기고 상처가 됩니다. 상대방을 위한다는 거창한 이유가 아니어도 괜찮습니다. 반짝 빛나는 나의 하루를 위해서 흥분하고 화내기보다 마음의 평화를 갖는 것이 중요합니다.

3. 어렵게 말하지 않기

있어 보이는 척, 잘난 척, 아는 척 말하지 않습니다. 세상에는 다양한 사람들이 있죠. 잘난 사람도 있고, 아는 것이 많은 사람도 있고, 많이 가진 사람도 있습니다. 그렇다고 모두가 뽐내고 살지는 않습니다. 그래서 저는 어렵게 말하지 않겠다는 각오로 대화를 시작합니다. 상대방이 이해하기 쉽게 말을 풀어내려 노력하죠.

대화 중에 어려운 표현을 사용한다고 해서 지식이나 능력이 더 높아지는 것도 아닙니다. 상대방이 이해할 수 있도록 비유나 예시를 통해 쉽게 설명하며, 서로의 이해를 돕는 데 집중하는 것이 좋죠. 복잡한 주제가 있더라도 대화의 본질에 집중합니다. 상대방의 눈높이에 맞춰 소통하며 작은 것부터 쉽게 설명해 나가면 좋습니다.

어렵게 말하는 것은 소통에 여러 가지 문제를 일으킬 수 있습니다.

첫째, 상대방이 이해하지 못하면 대화가 단절될 수 있습니다. 복잡한 용어와 어려운 표현은 상대방이 내용을 파악하기 어렵게 만듭니다. 그래서 대화는 무의미해지고 오해가 생기기 쉬워집니다.

둘째, 어렵게 말하는 것은 상대방에게 거리감을 줄 수 있습니다. 이해하지 못하는 말을 듣게 되면 소외감을 느낄 수 있습니다. 대화는 서로의 생각을 나누고 공감하는 과정이어야 하는데, 어려운 표현이 많으면 신뢰와 친밀감이 떨어질 수 있습니다.

만약 누군가에게 설명해야 한다면 복잡한 용어보다 비유나 예시로 쉽게 설명해 보세요. 마치 이미지를 그려 주듯이 상상력을 자극할 수 있는 말이 가장 좋은 말입니다.

혹시
스크류바세요?

"오늘 참 멋지세요!"
"그럼 어제는 별로였어요?"

칭찬을 해도 꼬여 있는 사람들,
스크류바는 맛있기라도 하죠…

하지만 잘 알고 있어요.
마음속으로는 고맙고 기쁘지만,
괜히 민망해서 그런 것뿐이죠.

'감사합니다!' 한마디면 충분한데,

나도 모르게 툭툭 대답이 나갔다면!
이제는 마음에 솔직해져 보세요.
칭찬을 의심하지 말고, 받아들여 보세요.

대화는 많은 에너지를 소모합니다.
빙빙 돌려 말하지 않고
직설적으로 말하는 것이 훨씬 쉽죠.

그런데도 누군가를 위해 애쓰는 것은 대단한 일입니다.
그런 사람이 곁에 있다면,
당신을 위해 노력하고 있다면,

'고마워'라는 말 한마디를 잊지 말고 꼭 전해 주세요.

대화하기 좋은 유형 3가지

1. 경청하는 유형

이들은 상대방의 말을 진지하게 경청합니다. 상대방의 이야기나 의견을 방해하지 않고 집중해서 들으며, 그에 대한 반응을 적절히 표현합니다. 상대방이 자신의 고민을 이야기할 때, "그런 일이 있었군요. 어떻게 된 건가요?"라며 적극적으로 질문하고 공감하는 방식입니다. 이들은 상대방의 감정을 인정하고 이해하려 노력하며, 대화를 원활하게 이어 가고 깊이 있는 소통을 가능하게 만듭니다.

2. 긍정적인 피드백을 주는 유형

이들은 상대방의 말이나 행동에 대해 긍정적인 피드백을 주는 데 능숙합니다. 칭찬이나 격려의 말을 아끼지 않고, 상대방의 장점이나 성과를 인정하며 대화를 이어갑니다. "신대리! 보고서 작성 정말 잘 마무리했어요. 큰 도움이 되었어요!" 같은 표현을 사용합니다. 이러한 긍정적인 피드백은 상대방에게 신뢰와 자신감을 주며, 상대방을 더욱 기분 좋게 만들어 줍니다.

3. 개방적인 질문을 하는 유형

이들은 대화에서 개방적인 질문을 사용하여 상대방의 생각이나 감정을 더 깊이 이해하려고 합니다. 개방적인 질문은 상대방이 자기 경험이나 감정을 자유롭게 표현할 수 있게 합니다. "최근에 즐거운 일이 있었나요?" 또는 "이 부분에 대해 어떻게 생각하셨나요?" 같은 질문을 통해 상대방의 이야기를 자연스럽게 이끌어 내고, 대화의 흐름을 원활하게 유지합니다. 이러한 질문들은 상대방이 자신을 표현하고, 대화가 풍부하고 의미 있게 진행될 수 있도록 돕습니다.

대화하기 싫은 유형 3가지

대화는 말로 서로의 생각을 공유하고 이해하는 과정입니다. 그러나 대화가 원활하게 이루어지기 어려운 때도 있죠. 특히 다음과 같은 유형의 사람들과 대화할 때는 그 과정이 더욱 힘들어질 수 있습니다.

1. '아니 근데' 유형

이들은 대화가 시작되자마자 상대방의 말을 듣기 전에 부정적인 반응을 보입니다. 대화를 시작하자마자 "아니, 근데~" 또는 "그건 아는데~"라고 말하며 상대방의 의견을 즉시 반박하려는 경향이 있습니다. 이런 태도는 대화 시작부터 상대방에게 불쾌감을 주고 긴장감을 조성합니다.

이들은 대화를 시작하기도 전에 자신이 옳고 상대방이 틀렸다는 전제를 하고 있죠. 결과적으로 상대방의 의견을 존중하기보다 자신의 견해를 고수하려는 방향으로 흐르게 됩니다. 그래서 대화가 갈등으로 번질 수 있고, 의견을 나누기보다 상대방의 의견을 무시하거나 반박하는 데 집중하게 됩니다.

2. '삐딱한' 유형

이들은 칭찬이나 긍정적인 말을 부정적으로 해석하는 경향이 있습니다. "오늘 너무 멋지세요~"라는 칭찬을 받았을 때, "그럼 어제는 별로였다는 거예요?"라는 식으로 반문합니다.

이들은 상대방의 긍정적인 의도를 부정적으로 받아들이며, 칭찬이나 피드백을 신뢰하지 않고 방어적으로 반응합니다. 이러한 태도는 대화가 긍정적인 분위기로 이어지기보다는 불필요한 논쟁으로 이어지게 만듭니다. 상대방이 긍정적인 말을 건넸음에도 불구하고, 이를 비판적으로 해석하여 대화의 분위기를 망치게 되죠.

3. '내 말만 맞아' 유형

이들은 상대방의 어려움이나 고통을 충분히 공감하지 않습니다. 자신의 주관적인 생각으로만 판단하려고 합니다. 상대방이 "나 요즘 너무 힘들어"라고 말하면, "너만 힘드니? 요즘 다 힘들어! 버텨!"라고 대답하는 유형이죠.

이들은 상대방의 감정이나 상황에 대한 이해보다는 자기 경험과 생각을 우선시하며 대화를 진행합니다. 그래서 대화가 깊어지지 않고, 상대방의 감정이나 상황을 제대로 이해하지 못한 채 자신의 의견만을 강요하게 됩니다. 공감이나 이해의 부족으로 인해 대화가 원활하게 이루어지지 않게 되죠. 결국 상대방은 자신의 감정이나 어려움을 제대로 나누지 못하게 됩니다.

대화하기 싫은 유형의 사람들은 상대방과의 소통을 어렵게 만들고, 대화의 본질을 흐릴 수 있습니다. 상대방의 반응을 살피고, 서로의 의견을 존중하며 공감하는 태도를 보이는 것이 좋습니다.

당신의 대화 유형은 무엇인가요?

품격 있는 말하기

1. 말하기 전에 한 템포 쉬어 준다.

2. 말하기 전에 한 번 더 생각한다.

3. 말이 끝날 때까지 충분히 듣는다.

4. 말할 때와 침묵할 때를 구분한다.

5. 명확하고 간결하게 말한다.

6. 감정적으로 대응하지 않는다.

7. 공감과 관심을 표현한다.

8. 긍정적인 표현을 사용한다.

9. 비방하거나 뒤에서 험담하지 않는다.

10. 잘못을 인정하고 빠르게 사과한다.

몰입하게 만드는 말

말 잘하는 법

말 한마디로 마음을 얻고
말 한마디로 미움을 얻는
작은 점 하나의 차이는
작은 말 한마디

연주하듯
말해요

말은 연주와 같아요.
아무리 좋은 음을 내도
리듬과 박자가 반복되면 지루하듯이,

말도 마찬가지예요.
때로는 빠르게,
때로는 천천히,
강약 조절이 필요해요.

연주하듯 말하는 법

 말 잘하는 사람은 천천히 연주하듯 말합니다. 음악을 들을 때 계속 같은 리듬과 박자가 이어지면 어떻게 될까요? 지루하겠죠. 말하기도 마찬가지입니다. 때로는 빠르게, 때로는 천천히, 강약 조절이 필요합니다. 말에 리듬을 만들어주면 전달력이 더욱 높아지는 효과가 있죠. 특히 중요한 단어나 메시지에 변화를 주면 청중의 이목을 집중시키며 의미도 더 효과적으로 전달됩니다. 말을 더 잘 전달하기 위한 3가지 기법들을 소개합니다.

1. 뜸 들이기

뜸 들이기 혹은 퍼즈라고 합니다. 보통 강조하고자 하는 부분을 의도적으로 뜸을 들여 상대방이 뒤의 내용을 궁금하게 만드는 것이죠. 중요한 대목이나 강조할 부분에서 말을 2~3초 정도 멈추면 순간적인 집중을 끌어낼 수 있습니다.

> "행복은 강도보다… (잠시 멈춤) 빈도가 더 중요합니다."

오디션 경연 프로그램을 떠올리면 이해가 쉬울 겁니다. 최종 우승자 발표를 앞둔 상황에서 MC들은 최대한 시청자들이 긴장하고 집중할 수 있게끔 유도합니다.

> "오늘의 결승자 주인공은… 주인공은……60초 뒤에 공개됩니다!"

말을 잠시 멈추면, 상대방은 자연스럽게 귀를 기울이게 됩니다. 이 방법은 긴장감을 조성하고 청중의 관심을 끌기 위해 효과적입니다. 또한 발표나 연설에서도 유용합니다. 중요한 메시지를 전달하기 전에 잠시 멈춤으로써 청중이 그 순간에 집중하도록 유도합니다. 이때 청중은 자연스럽게 그

다음 말을 기다리며 중요한 메시지를 놓치지 않게 됩니다. 단, 멀뚱한 표정으로 말을 멈추게 되면 '저 사람이 까먹었나?'라는 오해를 살 수 있습니다.

비언어적인 것도 충분히 활용해야 멈춤의 효과가 더욱 커지게 됩니다. '나 지금부터 엄청 중요한 얘기를 할 거야', '엄청나게 웃긴 말을 해줄 거야'라는 것이 눈빛과 표정에서 느껴져야 보는 사람들이 더욱 몰입할 수 있음을 꼭 기억해 두세요.

2. 높낮이 강조

높낮이 강조는 톤에 변화를 주어 강약 조절을 하는 방법입니다. 같은 문장이라도 톤의 변화에 따라 전달되는 느낌이 달라집니다. 중요한 부분을 더 높은 톤이나 더 낮은 톤으로 말해 강조할 수 있습니다. 높낮이 강조는 감정 전달에도 효과적입니다.

> "행복은 강도보다 **빈도가**(↗) 더 중요합니다."
> (강조 부분을 더 높은 톤으로)
> "행복은 강도보다 **빈도가**(↘) 더 중요합니다."
> (강조 부분을 더 낮은 톤으로)

기쁨, 슬픔, 놀라움 등 다양한 감정을 높낮이 변화를 통해 표현할 수 있습니다. 기쁜 소식을 전할 때는 톤을 높여서, 슬픈 이야기를 할 때는 톤을 낮춰서 말하면 감정을 더 효과적으로 전달할 수 있습니다. 또한 다양한 톤의 변화로 듣는 사람에게 지루할 틈을 주지 않습니다.

한 시간 동안 강연하는 내내 같은 톤의 음으로 말을 한다면 청중 대부분은 꿈나라에 가게 됩니다. 듣는 사람의 집중력이 부족하다기보다 말하는 사람의 톤이 일정하기 때문이죠. 수면 ASMR이 목적이 아니라면 톤의 높낮이 변화는 선택이 아닌 필수입니다.

3. 천천히 말하기

천천히 말하기는 강조하고자 하는 부분을 늘려서 말하는

방법입니다. 중요한 메시지를 천천히 말하면 듣는 이는 순간적으로 더 주의 깊게 듣게 됩니다. 천천히 말하는 것은 중요한 정보나 메시지를 전달할 때 매우 효과적입니다.

> "행복은 강도보다… 비인~도오~가아 더 중요합니다."
> **(천천히 말하며 강조)**

천천히 말함으로써 청중이 생각할 시간을 주고, 중요한 부분을 기억하도록 돕습니다. 또한 긴장된 상황에서도 천천히 말하는 것은 자신감을 보여 주며, 상대방에게 신뢰감을 줍니다. 따발총보다는 강력한 스나이퍼 한방이 치명상을 주듯이 말 역시 천천히 말할 때 힘이 생깁니다. 그렇다고 계속 천천히 늘려서 말하면 지루해질 수 있죠. 본인만의 스타일로 말을 하되 중간중간 천천히 말하는 강조가 있어야만 좋은 말하기가 될 수 있습니다.

4. 비언어적 커뮤니케이션

말 잘하는 사람은 비언어적 커뮤니케이션도 잘 활용합니

다. 몸짓, 표정, 손동작 등은 말의 내용을 보완하고 강조하는 데 중요한 역할을 합니다. 핵심을 말할 때 손을 사용하여 제스처를 취하면 메시지가 더욱 강력하게 전달됩니다. 다만, 동작을 취할 때는 최대한 크게 크게 확실한 의도를 가지고 해야 합니다. 쭈뼛쭈뼛 자신감 없이 하는 것이 아니라 큰 동작으로 절도 있게 하는 것이 좋죠.

혹시 제스처를 습관적으로 정신없이 쓰는 편이라면 먼저 제스처를 쓰지 않고 말하는 연습부터 하면 좋습니다. 과도한 몸동작은 오히려 발표를 산만하게 만들기 때문이죠. 벽에 손과 몸을 붙여서 말하는 연습을 하신 후에 동작을 섞어서 말하면 정신없는 제스처를 고칠 수 있습니다.

말 잘하는 사람은 단순히 말을 잘하는 것이 아니라 다양한 기법을 활용해 대화합니다. 뜸 들이기, 높낮이 강조, 천천히 말하기 같은 기술을 적극적으로 활용하여 대화를 더 흥미롭게 이끌어 갑니다. 말을 잘하고 싶다면 잘 말하려는 노력이 필요합니다. 메시지를 어떻게 더 효과적으로 전달할 수 있을지를 먼저 고민해 보면 좋습니다.

와다다다다다다다다다!

　대화하다 보면 신나서 자기 혼자 '와다다다다다다다다!' 하는 경우가 종종 있습니다. 상대방은 뚱한 표정으로 그저 바라만 볼 뿐이죠. 한 번쯤 경험해 본 적이 있나요? 제가 그랬습니다. 홈쇼핑 쇼호스트로 일하다 보면 종일 참 많은 말을 하게 됩니다. 정해진 대본 없이 생방송 시간 동안 오디오가 비는 일 없이 말해야 하죠.

　실시간으로 주문 그래프와 주문량을 보며 어떻게든 판매량을 올리기 위해 채찍질 당하는 경주마처럼 쉼 없이 달립니다. 그러다 보면 저도 제가 무슨 말을 하고 있는지 헷갈릴 만큼 '와다다다다다다다다!' 말을 쏟아 내게 되죠.

　그러던 어느 날, 관절 건강 기능 식품을 고령의 고객들이 가장 많이 보는 아침 시간에 방송한 날이었죠. 평소와 같이 열정적으로 판매하겠다는 생각으로 '와다다다다다다다다다!' 말을 쏟아 내고 나왔습니다.

나름 만족스러웠던 방송을 모두 마치고 오랜만에 외갓집에 갔더니 제 방송을 봤다고 말씀하셨어요. 손주가 TV에 나온다고 할아버지, 할머니 두 분이 새벽 일찍 보신 거죠. 순간 머리가 멍해졌습니다. 두 분 모두 고령에 보청기를 사용하시기 때문이죠. 과연 '내 말을 잘 알아들으셨을까?' 하는 의문과 동시에 고령 고객들에 대한 배려가 없었다는 생각이 들었습니다. 그 후 저는 '그동안 내가 일방적인 소통을 했구나'를 깨닫게 되었습니다.

홈쇼핑 방송은 미디어를 통해 송출되는 특성상 상대방의 반응을 살피며 말하기 어렵습니다. 그저 주문 그래프를 보며 주문이 잘 들어오는지 간접적으로 느낄 뿐이죠. 그래서 소통의 본질에 대해 잠시 잊고 있었습니다. 대화라는 것은 혼자서만 하는 것이 아닌, 주고받을 때 가치 있다는 것을 잊고 있었습니다.

'어떻게 하면 홈쇼핑에서도 일방적인 소통이 아닌 대화를 할 수 있을까?에 대해 고민하며 낸 결론은 '질문하기'였습니다. 혼자만 이야기하는 서술형이 아닌 질문형으로 화법을 바꾸는 것이었죠. 연애에도 밀당이 필요하듯, 우리 말에도 적절한 밀당이 필요합니다. 물론 어장을 의미하는 것은 아닙니다. 상대방을 나의 이야기에 자연스럽게 끌어들이는 것을 의미합니다.

> "아침에 일어나 마시는 물 한 잔은 건강한 하루를 위해 매우 중요한 습관입니다. 밤새 수분 손실이 일어나기 때문에 우리 몸에 꼭 필요한 수분 보충은 필수인데요. 우리 몸의 70%가 수분으로 이루어져 있습니다. 그리고 이 중 2%만 부족해도 탈수 증상이 일어나게 됩니다. 하루에 얼마나 자주, 어떤 물을 마시는지가 굉장히 중요합니다. 건강을 위해 좋은 물을 자주 드세요!"

이 문장을 제가 '와다다다다다다다다!' 혼자 떠들고 있으면 어떻게 될까요? 아무리 유익한 말이어도 와닿지 않을 겁니다. 반대로 질문을 적절히 섞어 보면 어떨까요?

> "아침에 일어나 마시는 물 한 잔의 습관은 왜 중요할까요? 밤새 자는 동안 수분 손실이 일어나기 때문이죠. 그렇다면 수분 섭취는 왜 필요할까요? 혹시 우리 몸의 수분이 몇 %인지 알고 계시나요? 무려 70% 이상입니다. 그중 고작 2%만 부족해도 문제가 생깁니다. 어떤 문제일까요? 탈수 증상이 일어납니다. 당신은 하루에 얼마나 자주 물을 챙겨 드십니까? 또 어떤 물을 챙겨 드시고 있나요? 건강을 위해 아무 물이나 선택하지 마세요!"

두 예문의 메시지는 거의 같습니다. 서술형인지 질문형인지의 차이만 있을 뿐이죠. 하지만 느낌은 완전히 다릅니다. 그 이유는 무엇일까요? 바로 인간의 본능에 있습니다. 질문을 받을 때 사람들의 행동은 크게 두 가지로 나뉘게 됩니다. 무슨 대답을 할지 고민하거나 대답을 피하려고 딴청을 피우거나. 여기서 중요한 것은 두 가지 모두 '반응'을 한다는 것이죠. 그냥 일방적으로 이야기를 하면 한 귀로 듣고 한 귀로 흘리게 되지만, 질문을 하면 좋으나 싫으나 '반응'을 하게 됩니다.

일상 대화에서도 마찬가지입니다. 혼자만 '와다다다다다

다다다다!' 달리는 것이 아니라 중간중간 상대방이 '반응'할 수 있도록 질문하는 것이 필요하죠. 특히 많은 청중 앞에서 말을 하거나 프레젠테이션하는 상황이라면 중간중간 하는 질문의 힘은 더욱 강력해집니다.

흔히 말을 잘한다고 생각하는 명강사의 공통점은 질문을 잘한다는 것입니다. 서술형으로 길게 말하는 것이 아니라 중간중간 질문을 섞으면서 호응을 유도하죠. 사이비 교주도 마찬가지입니다.

> "여러분 믿으십니까! 믿습니까?"

물론 사이비 교주가 되라고 하는 이야기는 아닙니다. 그만큼 질문 화법이 일상 곳곳에 숨어 있다고 이야기하고 싶었습니다. 사실 질문이 중요하다는 것은 대부분 알고 있으리라 생각합니다. 어떻게 활용하는지 구체적으로는 몰라도 중요성만큼은 다들 인지하고 있죠. 그런데도 일상생활에서 무의식적으로 '일방적 소통'을 해 왔다면, 다시 한번 점검하는 계기가 되었기를 바랍니다.

말을 잘한다는 것은 단순히 막힘없이 떠드는 것이 아닙니다. 상대방의 반응을 이끌어 내고 이해시키는 능력에서 비롯됩니다. 말을 잘하고 싶다면 질문부터 시작해 보세요.

매력적인 대화법 3가지

1. 여유 있게 말한다

대화 중 조급함은 대화를 어렵게 만들죠. 상대방의 질문이나 의견에 급하게 반응하기보다는, 천천히 조곤조곤 자기 생각을 정리하여 여유 있게 표현하는 것이 중요합니다. 긴장을 풀고, 충분히 생각한 후에 말하세요. 빠르고 분주하게 말하기보다는 정확하고 명확한 한마디로 임팩트를 주는 것이 좋습니다. 이렇게 하면 상대방이 당신의 말을 더 잘 이해하고, 오해 없이 서로의 감정을 공유할 수 있습니다.

2. 긍정적으로 말한다

긍정적인 말은 상대방에게 좋은 인상을 남기고 대화를 즐겁게 만듭니다. "오늘 비 오네, 덥고 습하고 짜증 나!"라고 말하기보다는 "오늘 날씨가 운치 있네요. 비 오는 날 파전 먹으면 참 맛있겠다!"라고 표현해 보세요. 긍정적인 시각으로 상황을 바라보면 대화의 분위기가 밝아지고, 상대방도 긍정적인 에너지를 받게 됩니다. 긍정적인 대화는 상대방과의 관계를 좋게 만들고, 대화를 더 흥미롭고 즐겁게 만들어 주죠.

3. 확신을 담아서 말한다

확신을 두고 말하는 것은 대화에서 신뢰를 쌓는 데 중요한 요소입니다. '~인 것 같습니다' 또는 '그럴 것 같습니다'라는 표현보다는 '~입니다' 또는 '그렇습니다'라고 단호하게 말하는 것이 좋습니다. 확신이 담긴 말투는 의견이 신뢰할 만하다는 인상을 주며, 상대방이 당신의 의견을 더 존중하고 신뢰하게 만듭니다. 자신감 있게 내 생각을 표현하세요. 확신 있는 말투는 말에 힘을 더해 줍니다.

한마디로 신뢰를 얻는 법

태도와 자세

작은 말의 씨앗
마음속에 뿌리내려
깊은 믿음으로 자라난다

신뢰의
씨앗

신뢰는 작은 말에서 시작됩니다.
신뢰의 씨앗이 서로의 마음속에 뿌리내리면,
시간이 지남에 따라 깊은 믿음으로 자라나게 되죠.

신뢰의 씨앗은 급하게 자라지 않습니다.
평소 꾸준한 나의 태도와 모습에서
서서히 자라나지요.

처음에는 작고 보잘것없어 보일 수 있지만,
정성껏 돌보고 아껴 주면,
언젠가는 뿌리가 깊어지고

튼튼한 나무로 성장하여
믿음의 꽃을 피우게 됩니다.

신뢰감을
주는 법

신뢰감 있는 모습은 모든 인간관계에서 중요한 역할을 합니다. 일상생활에서의 대화부터 비즈니스 미팅까지, 신뢰는 우리 삶을 성공으로 이끄는 원동력입니다. 신뢰를 주지 못하면 아무리 좋은 조건을 제시해도 상대방은 쉽게 마음을 열지 않습니다. 그렇다면 신뢰감을 주기 위해 구체적으로 어떻게 해야 할까요?

1. 태도와 말투

사람들은 누군가를 판단할 때 시각적, 청각적, 언어적 요소를 종합적으로 판단합니다. 외모나 태도, 목소리 톤 등

몇 가지 요소만 잘 관리해도 신뢰도를 크게 높일 수 있죠. 신뢰감을 주는 태도는 몸짓과 눈빛에서도 드러납니다. 확신에 찬 눈빛과 당당한 자세는 신뢰를 주는 데 큰 도움을 줍니다. 반면 불안한 시선이나 불안정한 자세는 신뢰감을 떨어뜨릴 수 있습니다. 항상 확신에 찬 태도로 상대방을 대하는 것이 중요합니다.

[바른 자세]

항상 바른 자세를 유지하는 것이 좋습니다. 구부정한 자세로 삐딱하게 서서 말하는 사람과 어깨 펴고 당당히 말하는 사람, 둘 중 어떤 사람에게 신뢰를 느낄까요? 누군가를 설득하고 믿음을 주고 싶다면 우선 자세부터 바꿔야 합니다.

[개방된 자세]

닫혀 있고 방어적인 자세보다는 열린 자세를 취해 보세요. 상대방을 향해 몸을 열어 두고 말하는 것이죠. 팔짱을 끼거나 몸을 비스듬히 두지 않습니다. 열린 자세는 상대방에게 적극적인 관심을 보일 수 있는 효과적인 비언어적 수단입니다.

[적절한 눈맞춤]

상대방과의 적절한 눈맞춤으로 관심과 신뢰를 표현합니다. 만약 누군가와 눈을 마주하는 것이 어렵다면 집에서 카메라 렌즈나 인형을 보며 연습해 보는 것도 방법입니다. 또는 거울을 통해 자기 눈을 바라보며 대화하는 것도 도움이 될 수 있습니다. 단, 과도한 눈맞춤은 부담을 줄 수 있으니 적절한 시선 처리가 필요합니다. 지나치게 이글거리는 눈빛으로 바라보면 상대방의 성향에 따라 불편할 수 있겠죠?

[목소리와 말투]

신뢰감을 주는 말투를 가지기 위해서는 차분하고 명확한 중저음의 목소리를 유지하는 것이 좋습니다. 아나운서처럼 정확한 발음과 논리적인 언어를 사용하면 상대방에게 신뢰를 줄 수 있죠. 목소리 톤이 너무 높거나 불안정하면 상대방은 신뢰감을 느끼기 어렵습니다. 반면 중저음의 차분한 목소리는 상대방에게 안정감을 주고 신뢰를 형성하는 데 도움을 줍니다. 따라서 목소리와 말투를 신경 써서 관리하는 것이 중요합니다.

2. 철저한 준비

신뢰감을 주기 위해서는 철저한 준비가 필요합니다. 준비되지 않은 사람은 쉽게 당황하죠. 그로 인해 신뢰감을 잃기 쉽습니다. 질문에 막힘없이 대답하고, 정확한 정보를 논리적으로 전달하려면 사전에 충분한 공부와 준비가 필요합니다. 철저한 준비가 신뢰를 주는 것은 당연한 일이죠.

[정보 수집]

대화나 발표 전에 관련 정보를 충분히 수집하고 숙지합니다. 최신 정보와 통계 자료를 활용하면 더욱 신뢰감을 줄 수 있습니다. 특히 통계 자료를 활용할 때 구체적인 숫자를 제시하여 말하면 신뢰감을 크게 높일 수 있습니다. "지난 분기 영업 이익이 많이 증가했습니다"보다 "지난 분기 영업 이익이 최대 37% 이상 증가했습니다"라고 말할 때 더욱 자료에 신빙성이 생기게 되죠.

[예상 질문 대비]

상대방이 할 수 있는 질문을 먼저 예상하고 답변을 준비합니다. 예상하지 못한 질문에도 차분히 대처할 수 있도록 연습하면 좋은데요. 질문 답변을 템플릿처럼 만들어서 무적의 답변을 만드는 것도 좋습니다.

[모의 연습]

준비한 것을 철저히 연습하면 긴장감을 줄이고 자신감을 높일 수 있습니다. 다만 '철저히'라는 것에 개인적인 차이가 있죠. 눈으로 스~윽 보고 머릿속으로 이해했다고 철저한 준비가 되는 것은 아닙니다. 눈으로만 보지 않고 직접 입으로 말하며 연습해야 합니다. 실제 발표나 면접에서는 평상시 사용하지 않는 어휘나 단어를 쓰는 경우가 많습니다. 입에 익숙지 않다 보니 발음을 버벅거리기도 합니다. 입에 충분히 붙을 때까지 연습해 두는 것이 좋습니다.

단, 토씨 하나 틀리지 않기 위해 대본을 달달 외울 필요는 없습니다. 크게 핵심이 되는 키워드 위주로 외운 후 이를 자연스럽게 이어 가는 연습을 해야 합니다. 왜냐하면 실제 말하기는 다양한 변수가 발생하기 때문이죠. 이를 대처하기 위해서는 유연한 말하기 연습이 필요합니다.

3. 신뢰감을 주는 외모와 복장

신뢰감을 주기 위해 외모와 복장도 중요합니다. 단정하고 깔끔한 외모는 상대방에게 긍정적인 인상을 줍니다. 비즈니스 상황에서는 특히 더 중요하겠죠. 상황에 맞는 단정한 복장을 선택하고 손, 발톱 등 개인 위생관리를 철저히 하는 것이 좋습니다. 특히 지저분한 헤어 스타일은 자주 손질하여 깔끔한 인상을 주는 것이 좋죠. 저는 카메라 앞에서 일하는 직업이다 보니 열흘에 한 번씩 미용실에 방문합니다. 명품으로 치장하고 비싼 옷을 입는다고 깔끔해 보이는 것은 아니죠. 자신의 스타일에 맞게 정돈된 느낌을 주는 것이 좋습니다.

신뢰감을 주는 것은 성공적인 인간관계의 핵심입니다. 신뢰감을 주는 말투와 태도, 철저한 준비, 일관된 모습은 신뢰감을 높이는 데 중요한 역할을 합니다. 우리의 외모, 목소리 톤, 태도를 잘 관리하여 신뢰를 줄 수 있는 사람이 되도록 노력하세요. 모든 인간관계에서 긍정적인 결과를 가져다줄 것입니다. 신뢰는 시간이 지나도 변하지 않는 소중한 자산이 됩니다.

신뢰감 있는 말투
3가지

1. 말끝을 흐리지 않는다

말의 끝을 명확히 하는 것이 중요합니다. 말끝을 흐리면 자신감이 부족해 보이고, 소심해 보일 수 있습니다. 이를 개선하기 위해서는 문장이 끝날 때 마침표를 찍는다는 느낌으로 말하는 연습이 필요합니다. 문장을 확실하게 마무리하면, 자신의 의도를 더 분명하게 전달할 수 있습니다.

> "안녕하십니까~ 발표 시작하겠습니다~" (X)
> "안녕하십니까, 발표 시작하겠습니다." (O)

2. 말끝을 올리지 않는다

종결어미와 조사를 올리면 신뢰감을 주기 어렵습니다. 종결어미는 문장의 끝마디 '~다', '~요' 등을 의미하고, 조사는 '~을', '~은', '~이' 같은 표현을 포함합니다. 텔레비전 예능 프로그램의 기자 캐릭터처럼 종결어미와 조사를 올리면 아이 같은 말투로 들릴 수 있습니다.

> "젊은 패기로~(↗) 신속 정확한 뉴스를(↗) 전달한다~(↗) 안녕하세요~(↗) ○○○ 기자입니다~(↗)"
>
> "젊은 패기로 신속 정확한 뉴스를 전달한다 / 안녕하세요~ ○○○ 기자입니다~"

이를 고치기 위해서는 말할 때 앞서 배웠던 부드러운 포물선을 그리듯이 말하는 연습을 해 보세요. 어미가 자연스럽게 내려가면 말이 더 신뢰감 있게 들립니다.

3. 말에 힘을 주어 말한다

작은 목소리로 쭈뼛거리며 말하기보다는 자신감 있게 말하는 것이 중요합니다. 이를 위해 평소에 큰 목소리로 책을 낭독하는 연습을 해 보세요. 목소리에 힘을 주어 말할 때 메시지에 자신감이 더해집니다. 단, 소리를 지르는 것이 아니라 적절한 발음과 강세로 자신감을 표현하는 것이 중요합니다.

감정을 전달하는 법

빠져드는 대화법

단어에 생명을 불어넣어
감정을 생생히 전하세요

빈 캔버스 위에 색을 입히듯
진심이 담긴 말을 전하세요

감정을
구체적으로

"완전 좋아해요!"
"진짜 맛있어요!"

'진짜!' '매우!' '완전!' '너무!'
자주 이런 표현을 사용해요.

하지만 이 말들이 감정을 잘 전달할까요?
모호하게 들릴 뿐이죠.

이제는 구체적인 언어로 감정을 그려 보세요.
빈 캔버스에 다채로운 색으로 그림을 그리듯

다채로운 말로 대화에 감정을 표현하세요.

> "와~ 첫입에 부드러운 맛이 샥~ 감도는가 싶더니 입안에서 터지는 순간, 샤르르르르~"

상대방의 머릿속에 그림을 그려 줄 때,
감정은 더욱 풍부하고 명확해져요.
진심을 생생하게 전해 보세요.

맛 표현의
장인

대한민국 최고의 맛 표현 장인이 누구일까요? 저는 개그우먼 이영자 님이 최고라고 생각해요. 텔레비전 화면을 통해 전달되는 이영자 님의 맛 표현은 그 자체로 하나의 예술이라고 할 수 있죠. 단순히 음식의 맛만 말하는 것이 아니라 화면 너머로도 맛이 느껴지게 만드는 놀라운 능력을 지니고 있습니다.

> "우리 엄마 고향이 광천이잖아~ 광천이 김이 유명해요~ 김이 맛있어요. 그 김을 가져다가 약한 연탄불에 찌-익 찌-익 해서 그냥 쭉~ 찢어서 양념장에다가 찍어서 한 숟가락 딱! 올리면 어후~ 한 그릇 뚝딱이지."

머릿속으로 상상이 되나요? 이영자 님의 표현은 단순히 맛을 설명하는 데 그치지 않고, 청중의 감각을 자극해서 마치 그 음식이 실제로 눈앞에 있는 것처럼 느끼게 합니다. 짧은 말속에 상상의 미학이 가득 담겨 있는 거죠.

　그렇다면 이영자 님의 비법은 무엇일까요? 바로 구체적인 디테일과 감각적인 묘사입니다. 이영자 님은 음식의 맛을 설명할 때, 그 맛을 둘러싼 상황까지 세밀하게 묘사해요. 단순히 "김이 진짜 맛있어요!"라고 말하는 것이 아니라 김을 연탄불에 구울 때 나는 소리, 양념장에 찍어 먹는 순간의 감각까지 상세하게 묘사합니다. 이러한 디테일은 청중의 상상력을 자극하고, 마치 그 순간을 직접 경험한 듯한 느낌을 주죠.

　또한 이영자 님은 먹는 순간의 즐거움과 만족감을 생생하게 전달해요. 그녀의 말속에서는 맛뿐만 아니라 그 음식이 주는 정서적인 만족감까지 전해지죠. "어후~ 한 그릇 뚝딱이지"라는 표현은 단순히 맛있다는 것을 넘어 행복한 포만감을 함께 전달합니다.

　이영자 님은 맛을 시각적, 청각적, 촉각적으로 표현합니다. 청중이 상상 속으로 그 맛을 느끼게 하며 마치 자신이 그 자리에 있는 듯한 느낌을 받게 만드는 거죠. 이러한 묘사 방법은 일상적인 대화에서도 활용할 수 있어요.

친구와 함께 영화를 보고 소감을 나눌 때, "와~ 진짜 재밌었어!"라고 하는 것도 좋지만, 구체적으로 표현하면 더 효과적이죠. "와~ 아까 주인공이 멀리서부터 점점 가까워지면서 순간적으로 확! 나타나는 장면이 정말 인상적이었어. 그 장면에서 내 심장이 두근거리고, 손끝까지 떨리더라!"라고 본인의 감정을 상세하게 묘사하면 더 생생한 감정을 전달할 수 있어요.

이영자 님처럼 구체적인 디테일과 감각적인 묘사로 사람들의 상상력을 자극해 보세요. 이러한 화법은 대화에 생동감을 더하고 상대방에게 깊이 있는 감동을 전할 수 있습니다.

다양한
상황별 묘사

 "커피에 깊은 산미가 입안 가득 퍼지면서 끝에 살짝 기분 좋은 달콤함이 남아요."

 "마지막 장면에서 주인공이 눈물 흘릴 때, 저도 같이 눈물이 나서 가슴이 먹먹했어요."

 "아까 감동적인 대사가 나올 때, 온몸이 막 떨리고 심장이 쿵쾅쿵쾅했어요."

"산 정상에서 멀~리 바라본 풍경이 푸르고 넓어서 마음이 정화되는 느낌이었어요."

"나무 사이로 비치는 햇살과 새소리가 어우러져서 마음이 편안해졌어요."

"책을 읽으면서 각 장면이 머릿속에 뚜렷하게 그려져서 마치 제가 그 세계에 들어가 있는 것 같았어요."

"비가 창문을 타고 흐르는 소리가 운치 있게 들렸어요."

"빗방울이 지붕에 뚝뚝 떨어질 때 마음이 조용하고 안정되었어요."

"비 오는 날 창문을 보니까 흐릿한 경치와 물방울이 뿌옇게 보이면서 기분이 맑아졌어요."

"아이스크림이 입에서 부드럽게 살~살 녹으면서 상큼한 과일 맛이 퍼지니까 맛있어요."

 "첫입에 치킨이 바삭~바삭하게 튀겨져서 입안에서 고소한 맛과 함께 육즙이 챠르르!"

 "와!! 떡볶이의 매콤한 소스와 쫄깃쫄깃한 떡이 어우러져서 혀를 간질간질하게 해요."

 "운동이 끝나고 살랑살랑한 바람을 맞으니까 개운해요! 몸이 훨씬 가벼워졌어요."

 "발끝에 닿는 따뜻한 모래와 파도 소리 덕분에 여행이 더 즐거웠어요."

PART 04

마음을 채우는
별이 되다

/

용기와 위로를 주는 말

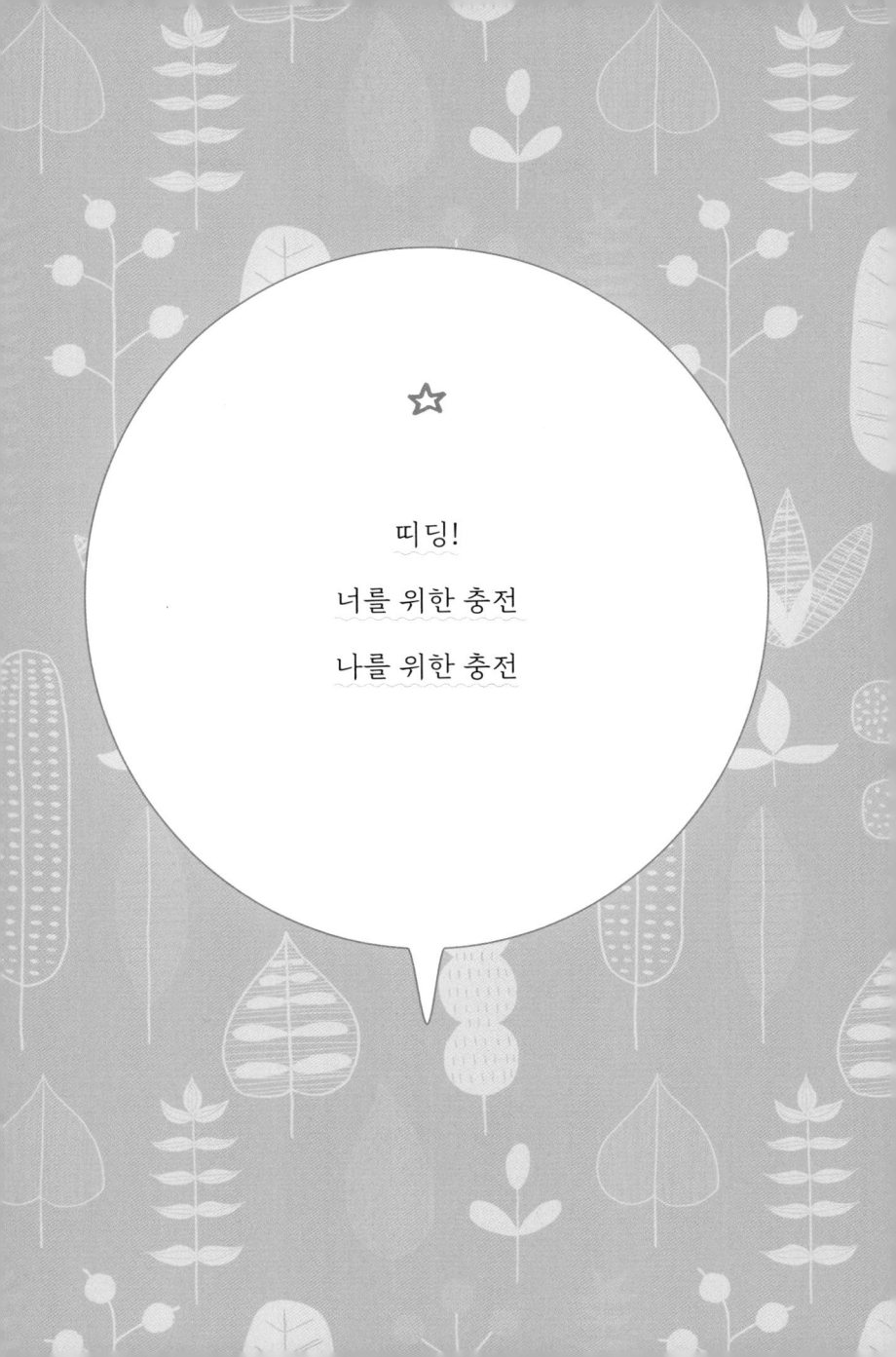

띠딩!
너를 위한 충전
나를 위한 충전

조명 같은 사람

나를 아끼고
주변을 밝히는 법

모든 날이 언제나 행복하고 밝을 순 없겠죠
가끔은 방황하고
때로는 좌절도 하겠지만
방황 속에서 길을 찾고
좌절 속에서 용기를 얻고
행복이라는 목적지에 도달하길 바라요

하루하루가 마냥 즐거울 순 없겠지만
슬픔 속에서 기쁨을 찾고
어둠 속에서 빛을 발견하는
당신이 되기를 응원해요

조명
같은 사람

화려할 필요 없어요.
주변을 밝히는 조명처럼,
묵묵히 제자리에서 빛나면 충분해요.

번화가의 불빛처럼 눈부시지 않아도,
늘 같은 자리에서
차분히 빛을 내는 것만으로도 괜찮아요.

애써 무리하지 말고,
내가 할 수 있는 만큼만 빛나세요.
그 행복이 주변을 따뜻하게 할 테니까요.

너무
애쓰지 말아요

 대단한 사람이 되려고 애쓰지 않아도 괜찮습니다. 그저 주변을 환하게 밝혀 주는 잔잔한 조명이 되어 보세요. 화려하지 않아도, 자신의 자리에서 꾸준히 제 역할을 다하는 것이 중요합니다. 불필요한 에너지를 낭비하지 말고, 잔잔하게 빛나는 조명이면 충분합니다.

 조명은 어두운 곳에서 길을 찾게 도와줍니다. 조명 같은 사람도 주변에 큰 도움을 줄 수 있죠. 친구가 힘들어할 때 "지금도 충분해! 너 잘하고 있어" 같은 따뜻한 말 한마디가 큰 위로와 용기를 줄 수 있습니다. 사소한 배려와 격려가 친구의 하루를 밝게 변화시킬 수 있습니다.

 때로는 작은 변화도 필요합니다. 조명이 색깔을 바꾸거

나 다양한 각도로 변화를 주듯 일상에서도 가끔 변화를 주는 것이 좋습니다. 자주 대면하지 못한 친구에게 연락해 보거나, 예상치 못한 순간에 간단한 선물이나 응원의 메시지를 보내는 것도 큰 변화를 만들 수 있습니다. 이런 변화는 삶에 새로운 활력을 불어넣습니다.

물론 스스로에게도 밝은 에너지를 주어야 합니다. 언제나 밝은 모습만 보이는 것이 아니라 가끔은 쉬어가는 것도 중요합니다. 조명의 유지보수가 필요하듯 나를 돌보는 것이 필요합니다. 즐겁게 지내고 스트레스 푸는 활동을 하면서 에너지를 충전하는 것이죠. 나를 먼저 챙기고 행복을 느낀 후 그 행복을 주변과 나누는 것이 좋습니다. 그렇게 하면 더 오래, 더 밝게 빛날 수 있습니다.

나를 아끼고 주변을 밝히며 소소한 행복을 나누는 조명 같은 사람이 되어 보세요.

등불
같은 사람

인생은 먼바다를 항해하는 것과 같습니다.
때로는 거친 파도에 휩쓸리고,
암초에 부딪혀 좌절하기도 하죠.

그런데도 목표를 향해 나아갑니다.
등대라는 불빛이 있기에 나아갈 수 있습니다.

힘들고 지칠 때 혼자서 모든 걸 버티지 마세요.
사실 주변에는 등불 같은 사람들이 많습니다.
이들은 깜깜한 바다 한가운데서
길을 밝혀 주는 등불과 같습니다.

힘들 때는 힘들다고 이야기해도 괜찮습니다.
생각보다 더 많은 사람이 우리를 응원하고 있습니다.

등불처럼 당신의 삶에
따뜻한 빛을 비추는 이들을 찾아보세요.
그들의 격려와 응원은 다시 일어설 힘을 줍니다.

따뜻한 위로의 말

마음을 녹이는 한마디

그저 곁에서 따뜻한 에너지를
나눌 수 있기를
누군가의 어두운 마음을
밝혀 주는 존재가 되기를
겨울밤 따스한 담요처럼 건네는
위로의 말 한마디

위로의
편지

당신, 정말 잘하고 있어요.
딱 좋아요. 지금도 충분해요.

힘들 땐 가끔 쉬어가도 괜찮아요.
조금 늦어도 괜찮아요.
천천히 걸어가면 되니까요.

가끔은 세상에 혼자 남겨진
기분이 들 때도 있겠지만,
한 가지만 명심하세요.

세상에는 당신이 생각하는 것보다
훨씬 더 많은 사람이 당신을 사랑하고 있어요.
단지, 표현이 서툴 뿐이에요.

일어나지 않은 일까지 걱정하며 살지 말아요.
그저 오늘 행복하면 되니까요.
언제나 당신을 응원할게요.

충전기 같은 사람

충전기 같은 사람이 되고 싶어요.
필요할 때 방전된 기기를 충전하듯이
충전기 같은 사람이 되고 싶습니다.

그저 곁에서 소중한 에너지를 나누며,
주변을 따뜻하게 채워 주는 그런 사람이요.

주변에 따스한 에너지를 전하고 있나요?
기쁜 일도, 힘든 일도,
당신의 격려와 사랑으로 가득 채워 주세요.
작은 말 한마디가 누군가에게 큰 힘이 될 수 있습니다.

진심 어린 응원과 긍정적인 에너지가
주변을 환하게 밝혀 줍니다.
"오늘도 수고했어, 당신이 최고야!"
사랑과 응원을 아끼지 말아요.

마음을 충전하고,
밝은 에너지를 나누는 모습이
세상에서 가장 아름답습니다.

위로의
중요성

　위로는 차가운 겨울밤의 따스한 담요처럼 우리의 마음을 부드럽게 감싸 줍니다. 거센 바람도 이겨 낼 수 있는 따스한 온기를 불어넣죠. 기쁨을 나누면 두 배로 커지고, 슬픔을 나누면 반으로 줄어든다고 하죠. 비록 진부하게 들릴 수 있지만 이 진리는 불변의 법칙입니다. 기쁨과 슬픔을 나누면 관계의 뿌리는 더욱 깊어지게 됩니다. 서로의 감정을 나누고 신뢰의 씨앗을 심고, 친밀함이라는 꽃을 피우죠.

　나에게 보내는 위로의 말 역시 같습니다. 매일 '나는 잘하고 있어' 혹은 '나는 나를 믿어'라는 다정한 격려는 용기의 씨앗을 키우게 합니다. 이 작은 말들이 마음에 숨은 힘을 일

깨우고, 나를 다시 일으킬 힘을 줍니다. 셀프-위로는 나 자신과의 관계를 따뜻하게 만들어 주고, 그 속에서 더 강해지겠죠.

긍정적인 말과 위로는 에너지를 재충전하는 데 큰 역할을 합니다. 주변 사람과 긍정적인 말을 나누면 그 자체로 보람을 느끼게 되고, 나 역시도 긍정적인 에너지를 받게 됩니다. 서로에게 힘을 주면서 자신도 힘을 얻는 것이죠.

주변 사람들에게 긍정적인 말을 건네고, 나에게도 격려를 아끼지 마세요. 당신은 누구보다 소중한 존재니까요.

위로의 말

지친 마음을
달래주는 따뜻함

지친 마음을 달래는 힘은
단순한 응원보다
언제나 함께한다는 진심에서 옵니다

묵묵히 지지해 주는 당신의 존재가
누군가에게는 가장 큰 위로가 됩니다

누군가를
위로하는 법

살다 보면 가끔 아무런 이유 없이
누군가가 나를 미워하기도,
불미스러운 일에 휘말리기도 합니다.

가끔은 지치고 포기하고 싶은 순간들도 찾아오죠.
그럴 때 어떤 위로의 말이 가장 힘이 되었나요?

"힘내!!!"
"아자아자!!!!"

물론 참 감사한 응원의 말입니다.

하지만 지금도 힘든 사람에게 더 힘을 내라는 것은
'남은 힘까지 더 쥐어짜!'라는 것과 같죠.

"나는 언제나 당신 곁에 있어."
"나는 언제나 당신 편이야."
"네가 어떤 상황이든 난 항상 너의 친구로 남아 있을 거야."

때로는 '힘내!'라는 응원의 말보다
누군가 나의 편이 되어 주고 지지해 줄 때,
다시 일어설 힘을 얻기도 합니다.

물론 세상에서 가장 강력한 위로의 말도 있습니다.

"맛있는 거 사줄까?"

위로를 건네는 법
5가지

1. 정서적 안전망 제공하기

↳ "요즘 많이 힘들어 보이네. 힘들면 언제든 편하게 이야기해도 돼."

↳ "지칠 땐 너의 마음을 우리와 함께 나눠도 괜찮아."

↳ "넌 혼자가 아니야. 네 편이 되어 줄 사람이 여기 있어."

2. 실질적인 도움 제안하기

↳ "혼자서 힘들겠구나. 필요한 자료가 있다면 내가 도와줄 수 있어. 언제든지 말해."

↳ "시험 준비하기 힘들지? 함께 공부하면서 도와줄게. 필요한 부분이 있으면 말해 줘."

↳ "기한까지 마감할 수 있겠어? 필요하면 내가 도와줄게."

3. 긍정적인 계획 제시하기

↳ "이번 주말에 같이 한강에 산책하러 가자. 기분 전환이 될 거야."

↳ "다음 주에는 이번에 개봉한 영화 보러 가자! 웃고 나면 괜찮아질 거야."

↳ "다음 주말에 캠핑 가서 삼겹살 구워 먹을래?"

4. 휴식 권장하기

↳ "많이 지쳤구나… 좋은 책이나 영화 보면서 시간을 보내 보면 어때?"

↳ "스트레스가 많을 땐 편안한 음악을 듣거나 가벼운 운동을 해 보는 것도 좋을 것 같아."

↳ "휴식이 필요해 보여. 일단 잠깐 쉬고 마음을 편히 해 보면 어떨까?"

5. 작은 선물하기

↳ "오늘 정말 고생했어. 네가 좋아하는 초콜릿 사

왔는데 같이 먹을래?"

↳ "너무 힘든 하루였지? 치킨 어때! 오늘은 내가 쏜다!

↳ "네가 좋아하는 아이스크림 사 왔어. 먹으면서 기분 전환하자!"

공감의 중요성

마음을 나누는 법

귀 기울이고 마음으로 답할 때
공감이 싹틉니다
지혜를 나누기보다
따뜻한 마음을 전해 보세요

공감의
나무

힘들었다는 말에
따스한 미소와 부드러운 한마디,
그것이 공감의 시작입니다.

문제를 해결하지 않아도
서로의 마음을 나눌 때,
대화의 꽃이 피어나요.

사랑과 배려,
존중의 씨앗을 심어
공감의 나무를 키우세요.

그늘에서 함께 쉬며
마음을 나누는 순간이
삶에 가장 따스한 순간입니다.

공감의
기술

최근 "너 T야?"라는 말을 미디어나 SNS를 통해 자주 접합니다. 이 신조어는 공감을 잘 못하는 사람들에게 주로 사용되죠. MBTI의 유형 특성 중 하나인데요. MBTI는 사람들의 성격 유형을 16가지로 분류하는 심리검사입니다.

MBTI에서 T(Thinking) 유형은 사고형으로, 사실과 원리를 중요시합니다. 문제 해결에 초점을 맞추고, 결과를 중시하는 경향이 있습니다. 반면 F(Feeling) 유형은 감정형으로, 관계와 과정을 중요하게 여기며 상황과 감정을 기반으로 판단합니다.

↳ "나 오늘 감기 걸려서 너무 힘들어."

↳ "나도 감기야. 너만 아픈 거 아니야. 요즘 감기가 유행이래~"

이 대화는 사실 중심(T)의 반응입니다.

↳ "나 오늘 감기 걸려서 컨디션이 너무 안 좋아."

↳ "그랬구나, 아침부터 많이 힘들었겠다. 몸은 좀 어때?"

이 대화는 감정 중심(F)의 반응입니다.

두 대화를 보면 어떤가요? 같은 상황에서도 상반된 반응을 보여 주죠. 같은 상황에서도 T 유형은 객관적인 판단을 중시하고 갈등 해결에 능하지만, 비판적 태도로 무례하게 보일 때가 있습니다. 반면 F 유형은 감성적인 판단을 중시하지만, 객관성 부족과 결정의 어려움을 겪기도 합니다.

어떤 MBTI 유형이 더 좋다고 말할 수는 없겠지만, 현대사회에서는 공감 능력을 더 많이 요구합니다. 친구, 연인, 부부 관계 등 모든 인간관계에서도 마찬가지죠.

공감이란 단순한 정보 교환이 아닙니다, 상대방의 감정을 이해하는 것이죠. 요즘 '팩트폭행', '쿨병'이라는 말도 종종 쓰입니다. 사실을 기반하여 솔직하게 말하는 것인데요. 물론 직설적으로 이야기하는 것이 무조건 나쁜 것은 아닙니다.

하지만 이런 대화방식은 종종 솔직함이라는 이유로 무례를 범하기도 하죠. 서로에게 상처를 주지 않으면서 원만하게 대화하려면 공감이 필요합니다. 다음은 공감을 잘하기 위한 5가지를 소개합니다.

1. 해결책 제시하지 않기

어려움에 해결책을 즉각적으로 꺼내기보단 먼저 이야기를 들어주세요. 상대방에게 자신이 이해받고 있다고 느끼게 만드는 것이 중요합니다. 해결책은 그 뒤에 제시해도 늦지 않습니다.

2. 훈수 두지 않기

종종 누군가를 가르치려 드는 경우가 있습니다. 누군가에게 훈수를 두기보단 그들의 감정과 상황을 이해해 주세요. 선생님이 필요한 것이 아닙니다. 마음을 털어놓을 친구가 필요한 것이죠.

3. 경청해 주기

상대방이 말하는 동안 해결책이나 다른 생각을 떠올리기보단, 그들의 이야기에 충분히 귀를 기울여 주세요. 잘 들어주는 모습만 보여도 상대방은 공감받고 있다고 느낍니다. '가만히 있으면 반은 간다'라는 말이 있듯이 억지로 공감해 주려 무언가를 하기보단 먼저 잘 들어주는 것이 중요합니다.

4. 호응해 주기

적절한 리액션으로 잘 듣고 있다는 비언어적인 감정을 전달해 보세요. 고개를 끄덕이거나 몸을 앞으로 기울이거나 하는 것도 방법입니다. 정 할 말이 없을 때는 '아~', '진짜?', '대박!', 이 세 가지만 기억하고 활용해도 대부분 상황에서 효과적입니다. 비장한 각오로 거창한 대답을 하지 않아도 괜찮아요. 그저 잘 듣고 호응만 잘해도 중간은 갑니다.

5. 열린 질문하기

질문에는 두 가지 방식이 있습니다. 열린 질문과 닫힌 질문이 있는데요. '예', '아니오'로 단답형으로 대답하게 되는 질문이 닫힌 질문입니다. "기분 나빠?"는 닫힌 질문, "어떤 일 때문에 스트레스 받았어?"라는 질문이 열린 질문입니다. 단답형으로 대화가 끊기는 것이 아닌 열린 질문으로 상대방의 말을 이끌어 보세요. 이는 일상 대화뿐만 아니라 세일즈, 비즈니스 등 다양한 분야에서도 널리 쓰일 수 있습니다.

조언의 무게

말이 지닌 영향력

말을 하기 전에 잠시 멈추어 주세요

무심코 흘린 걱정보다
침묵이 더 의미 있을 때가 있습니다

진정한 조언은 단순한 말보다
섬세한 배려에서 시작됩니다

모르는 게
약인데요?

가끔은 모르는 게 더 좋은 결과를 만들기도 합니다.

"이 말을 해야 하나 말아야 하나 고민했는데 말이야."
"오해하지 말고 들어… 다~ 너 잘되라고 하는 소리야!"

나에 대한 안 좋은 소문들… 전해 주셔서 감사합니다.

하지만
그 말을 듣고 나니 더 어려워졌어요.
누군가에게 조언할 때는 신중해야 합니다.
상대방이 원하지 않는 조언은 잔소리가 되기 쉽죠.

조언을 잘하고 싶다면
상대방이 스스로 생각할 수 있게 도와주세요.

진정한 조언이란 지적이나 충고가 아니라
함께 고민하고 생각을 돕는 것이니까요.

모르는 게
나을 때가
있습니다

    일상에서 많은 조언과 정보를 받곤 합니다. 하지만 이 정보들이 항상 도움이 되는 것은 아니죠. 때로는 모르는 게 더 나을 수 있습니다. 너무 많은 정보가 오히려 결정 장애를 일으킬 수 있기 때문입니다. 마치 요리에 너무 많은 조미료를 넣어 재료 본연의 맛이 사라지는 것처럼 말이죠.

    모르는 것이 항상 나쁜 건 아닙니다. 정보가 넘치면 오히려 자신감을 떨어뜨릴 수 있어요. 새로운 프로젝트를 시작할 때 다양한 조언을 듣다 보면, 무엇이 맞는지 헷갈리기 쉽죠. 이럴 때는 직접 해 보면서 배우는 것이 더 도움이 될 수 있습니다.

    누군가에게 조언할 때는 특히 조심해야 합니다. 누군가

의 뒷담화를 전할 때는 더욱 신중해야 하죠. 철수와 대화 중에 영희에 대한 나쁜 이야기를 들었다고 해 봅시다. 만약 그 이야기를 영희에게 전달하면, 영희는 불필요한 걱정과 스트레스를 받을 수 있습니다. 이럴 때는 영희가 그 정보를 모른 채 지내는 게 오히려 더 나을 수 있습니다. 물론 걱정되는 마음에 전할 수도 있겠지만 해결 방법이 없다면 갈등의 불씨가 될 수도 있죠.

모르는 것이 때로는 더 나은 결과를 가져올 수 있습니다. 조언할 때는 상대방의 필요와 상황을 고려하는 것이 중요합니다. 많은 정보나 의견보다는 적절한 시점에서 실질적인 도움을 주는 것이 더 효과적입니다. 또한 뒷담화 같은 민감한 정보는 특히 조심해서 다루어야 하고, 때로는 모르는 것이 가장 좋은 선택이 될 수 있습니다.

그래서 누군가를 위해 조언하고 싶다면, 말을 하기 전에 한 번 더 고민하는 것이 좋습니다.

1. 정보의 과부하

중요한 결정을 내릴 때 과도한 조언은 오히려 방해될 수 있습니다. 많은 정보가 혼란을 줄 수 있으며, 결정을 내리기 어렵게 만듭니다. 너무 많은 조미료가 요리의 맛을 방해하듯이, 과도한 정보는 상대방의 판단력을 흐릴 수 있습니다.

2. 직접 경험

새로운 일을 시작할 때는 직접 시도해 보면서 배우는 것이 더 유익할 수 있습니다. 다양한 조언보다 실제 경험으로 얻는 교훈이 더 깊고 의미 있을 때가 많습니다.

3. 조언의 신중함

조언할 때는 신중해야 합니다. 특히 누군가의 안 좋은 이야기를 전하는 것은 더욱 조심해야 하죠. 불필요한 걱정이나 스트레스를 줄 수 있으니 정보를 전달하기 전에 그 영향력을 충분히 고려해야 합니다.

조언의 기술

 살다 보면 누군가의 실수를 지적하거나 조언해야 할 때가 있습니다. 하지만 자칫 잘못하면 서로 감정만 상하게 되는 경우가 더 많죠. 조언은 단순히 행동을 지시하며 강요하는 것이 아니라 상대방이 스스로 생각하고 판단할 수 있도록 돕는 데 있습니다.

1. 행동보다 결과를 말하기
 식당에서 뛰고 있는 아이에게 "안 돼! 혼나! 뛰지 마!"라고 소리친다고 걸어 다닐까요? 이미 예상했겠지만 들은 척도 안 할 겁니다. 그래서 뛰면 안 되는 이유를 설명해 주고 아이 스스로 판단할 수 있게끔 돕는 것이 좋겠죠.

"ㅇㅇ아, 식당에서 뛰어다니면 다른 사람들이 불편해 할 수 있어. ㅇㅇ도 누가 시끄럽게 하면 기분이 어땠어? 우리 조금만 걸어서 다닐까?"라고 이야기하는 것이 아이 스스로 생각하는 힘을 기를 수 있겠죠. "빨리빨리 준비해! 너 이러다 유치원 버스 놓쳐!"라고 말하는 것보다 "유치원 버스 놓치면 친구들이랑 맛있는 간식도 못 먹고 놀이도 못할 텐데 괜찮겠어?"라고 묻는 것이 현명한 조언입니다.

2. 상대방의 입장에서 생각하기

진정한 조언이란, 말로 누군가의 행동을 바꾸기보다 상대방이 스스로 생각할 수 있게끔 돕는 것입니다. 연인 관계에서도 마찬가지입니다. 늦게까지 일하는 연인이 걱정되는 마음에 "왜 이렇게 사서 고생해? 그냥 퇴근하면 안 돼?"라고 말하기보다는, "늦게까지 일하면 많이 피곤할 텐데 걱정된다. 오늘은 조금 일찍 끝내고 쉬면 어때?"라고 말하는 것이 훨씬 좋습니다. 직접적으로 문제(What)를 지적하기보다 이유(Why)에 대해 말하는 편이 좋습니다.

참 잘했어요

심리학 용어로 '라벨링 효과'가 있어요.
누군가에게 긍정적인 라벨을 붙이면,
그 기대에 맞게 행동하게 된다는 이론이죠.
"당신은 정말 친절해요"라고 말하면,
그 사람은 더 친절해 보이려고 노력하게 됩니다.
마치 '참 잘했어요' 스티커처럼 말이죠.

칭찬의 라벨링은 작은 씨앗이 되어,
상대방의 마음속에 긍정적인 변화를 자라나게 합니다.

저는 어릴 적 공부를 잘하지 못했어요.

그러던 어느 날,
선생님께서 "현종이는 질문을 참 잘하네"라고
칭찬해 주셨죠.
그 작은 말 한마디가 저를 변화시켰습니다.
더 열심히 수업에 참여하게 되었고,
질문을 잘하기 위해 스스로 공부하기 시작했어요.
결국 뺀질이가 프로 질문왕으로 변신하게 되었죠.

누군가를 위해 조언할 때는
상대방을 바꾸려고 하기보다
상대방이 바뀌게끔 도와주세요.

'참 잘했어요' 스티커를 붙여 주세요.

썩은 사과의 법칙

인간관계의 중요성

상자 안에 썩은 사과 하나가 있으면
주변에 있는 사과도 함께 썩게 되죠

인간관계도 같아요
주변에 부정적인 사람이 있으면
그 영향이 곁에 있는 모두에게 미칩니다

부정적인 사람을 멀리하고
긍정적인 사람을 가까이해야 하는 이유죠

당신은 어떤 사과인가요?

썩은 사과 같은 사람

"아무나 하는 줄 알아?"
"네가 그걸 해낼 수 있을 거 같아?"
"내가 해 봤는데, 안 될 걸?"
본인의 경험이나 기준으로 상대방을 판단하는 사람,
부정적인 사람은 나의 성장을 방해하죠.

시도하기 전에는 아무도 결과를 모릅니다.
미래는 정해져 있지 않아요.

나의 도전을 응원하는 사람을 곁에 두세요.
그리고 내가 먼저 응원하는 사람이 되어 보세요.

긍정적인 인간관계의 중요성

 한 인터뷰가 기억에 남습니다. 세계적인 배우 아놀드 슈왈제네거의 인터뷰였죠. 그는 인생에서 들은 최고의 조언과 최악의 조언에 대해 이렇게 이야기했습니다.

> 진행자 : What is the best advice you've ever heard or received? (당신이 받은 최고의 조언은 무엇인가요?)
> 아놀드 : "Believe in yourself." (너 자신을 믿어라.)
> 진행자 : What is the worst advice? you've ever heard or received? (당신이 받은 최악의 조언은 무엇인가요?)
> 아놀드 : "It can't be done." (그건 불가능해.)

아놀드의 답변은 전 세계인이 공감할 수 있는 진리였습니다. 인생에서 누구를 만나느냐가 인생에 큰 전환점이 되기도 합니다. 우리는 그들을 '귀인'이라고 부릅니다. 진심으로 응원해 주고 박수를 쳐 주는 사람은 소중한 귀인이 되죠. 반면에 매사에 부정적이고 비판적인 사람은 타인의 발전을 억누르는 '억제기'입니다.

저는 늘 내려놓는 법에 대해 고민합니다. 좋은 것이든 나쁜 것이든 붙잡고만 있는 것은 좋지 않다고 생각하죠. 인간관계 역시 마찬가지입니다. 누군가 당신을 아무것도 아닌 사람처럼 여긴다면, 아무것도 아닌 사람이 되어 그 곁을 떠나는 것이 낫습니다.

관계를 지속하기 위해 억지로 붙잡고 애쓰며 자신을 포기하고 싶지는 않습니다. 집착하지 않고 연연하지 않을 때 몸과 마음이 가벼워집니다. 곁에 있는 부정적인 사람들을 멀리하고 긍정적인 사람들을 가까이하는 이유입니다.

물론 스스로 좋은 사람이 되기 위해 노력해야죠. 좋은 사람만을 쫓아 관계를 형성하기보다 내가 먼저 좋은 사람이 되어 좋은 사람들이 머무는 쉼터가 되고 싶은 생각입니다. 당신을 진심으로 응원하는 사람이 있다면 그 사람을 절대 놓치지 마세요. 그리고 먼저 응원해 주는 사람이 되어 보면 어떨까요?

PART 05

용기의
씨앗을 심다

/

발표 두려움을 극복하다

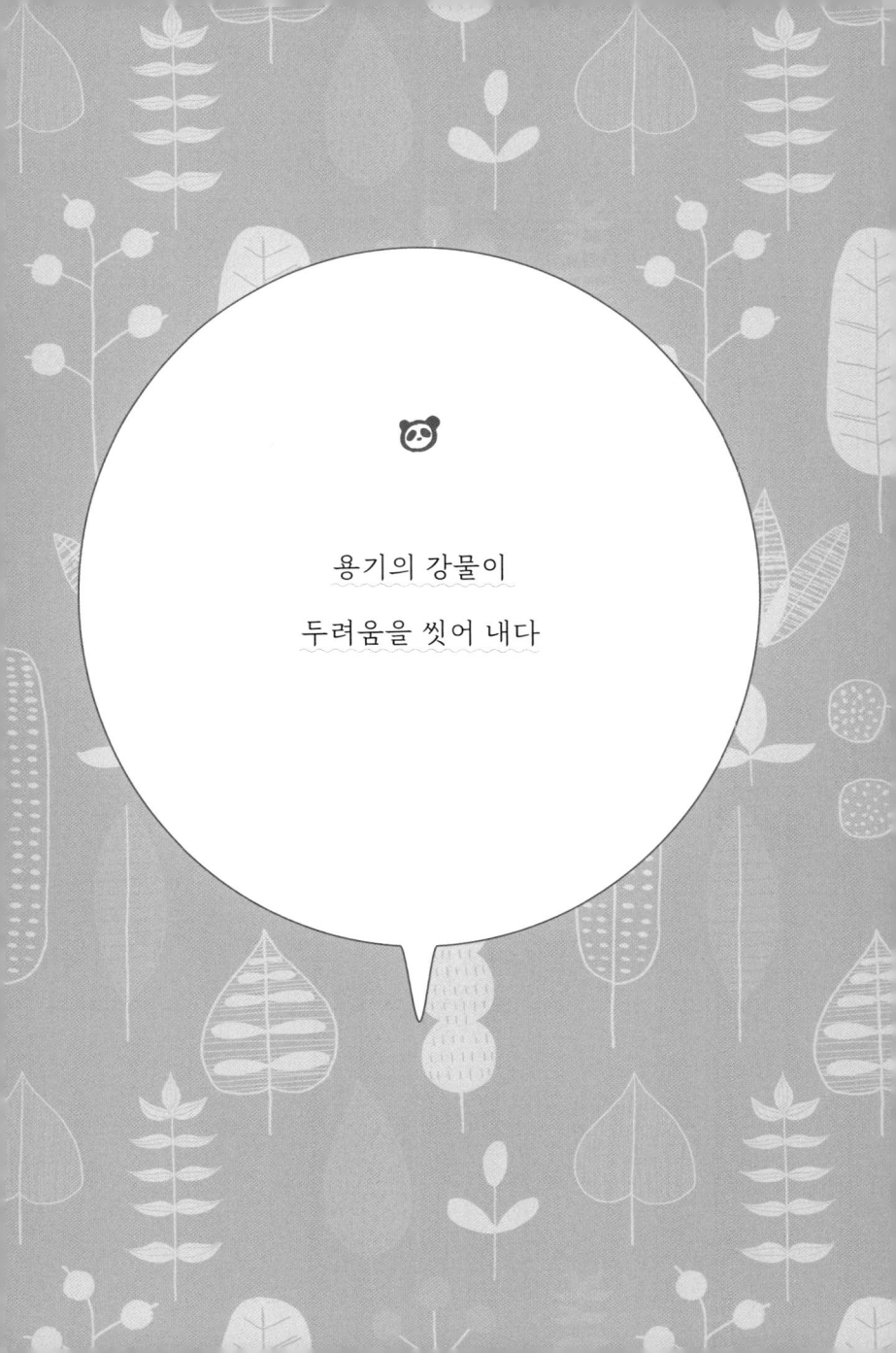

용기의 강물이
두려움을 씻어 내다

불안과 걱정 다스리기

두려움을 용기로

진정한 용기란
두려워하지 않는 것이 아닙니다
두려워도 나아가는 것이죠

어두운 밤 두려움이 찾아와도
용기를 내어 밤하늘을 바라봐요

작은 별빛을 바라보면 위로가 되고
어둠이 사라져 마음속에서 반짝반짝 빛나요

하지 말라고 하면
더하고 싶어져요

재밌는 심리 테스트를 해 볼게요!
눈을 감고 사과를 10초간 떠올려 보세요.
이번에는 사과를 5번 소리 내어 말해 보세요.
잘 따라오고 있나요?

지금부터 다시 눈을 감고
사과를 머릿속에 떠올리지 마세요.
사과가 떠오르지 않았나요?

아마 대부분은 사과를 머릿속에서
지워 내지 못했을 겁니다.
심리학에서는 '사고 억제의 역설적 효과'라고 합니다.
특정 생각이나 욕구를 억누르려고 하면 할수록
그것이 더 떠오르는 현상을 의미합니다.

두려움 극복을 위한
초점 전환의 힘

　길을 걷다 보면 종종 벽에 붙어 있는 '낙서금지'라는 경고 문구를 마주하게 됩니다. 그런데 이런 경고는 자주 무시되곤 하죠. '하지 말라'고 하면 더하고 싶은 마음이 생기기 때문입니다. 같은 이유로 금연 구역에 '흡연금지'라는 문구보다 'CCTV 촬영 중'이라는 문구가 더 강력한 금지 효과를 발휘하기도 해요.

　두려움을 피하려고 애쓰지만, '두려워하지 말자!'라는 말이 오히려 두려움을 증폭시키는 경우가 있죠. 이 현상을 심리학에서는 '사고 억제의 역설적 효과'라고 부릅니다. 두려움을 없애려 할수록 그 두려움이 더 강하게 느껴지는 현상이죠. 이런 역설적 현상은 일상에서도 쉽게 발견됩니다.

하버드대학교의 심리학자 다니엘 웨그너는 1987년에 흥미로운 실험을 진행했습니다. 학생들을 두 그룹으로 나누어 A그룹에는 '흰곰을 생각하라'고 지시하고, B그룹에는 '흰곰을 생각하지 말라'고 지시했죠. 놀랍게도 흰곰을 생각하지 말라는 지시를 받은 B그룹이 오히려 더 자주 흰곰을 떠올리게 되었어요. 억제하려는 생각이 오히려 생각을 부추기는 현상을 보여 줍니다.

역설적 효과를 극복하기 위해서는 '초점 전환'이 필요하죠. 초점 전환이란, 두려운 생각을 억누르기보다는 긍정적인 다른 것에 집중하는 방법을 말해요. 무대에 서기 전에 떨리는 감정 대신 설레는 마음을 가지려고 노력하는 것이 초점 전환입니다. 또 청중의 눈빛을 두려운 시선으로 보기보다는 관심의 눈빛으로 상상하는 것도 초점 전환의 일환이죠.

초점 전환은 단순한 생각에 그치지 않고, 행동으로도 실천될 수 있습니다. 고소공포가 있을 때 높은 곳에서 아래를 내려다보는 대신, 높은 곳의 아름다운 경치를 감상하려는 노력이 초점 전환에 해당합니다.

부정적인 두려움을 억지로 밀어내기보다는 긍정적인 경험으로 전환하는 연습이 중요합니다.

초점 전환
10가지

 지금 나 완전히 설레!
↳ '떨린다' 대신 '설렌다'

 난 이 순간이 정말 기대돼!
↳ '긴장된다' 대신 '기대된다'

나는 잘할 수 있을 거야!
↳ '잘할 수 있을까?' 대신 '잘할 수 있어!'

이건 나에게 폭풍 성장의 기회야!
↳ 두려움을 느낄 때 피하기보단 그것을 성장의 기회로 생각하기

나는 어제보다 매일 조금씩 성장하고 있다.
↳ 나의 발전 가능성을 되새기고 자신에게 믿음을 주기

이 순간만 이겨 내면 나는 더 강해질 거야!
↳ 힘든 순간이 지나면 더욱 강해질 것이라고 상상하기

나는 오늘도 나를 채워 나갈 수 있다!
↳ 부족하다는 말 대신 채워 간다고 말하기

나는 이 상황을 잘 컨트롤 할 수 있어!
↳ 나의 능력에 믿음을 갖기

나는 도전을 즐기고 있어!
↳ 도전을 즐기는 자세를 갖고 매사에 용기를 갖기

모든 도전은 나에게 새로운 배움을 줘!
↳ 도전은 배움과 성장의 기회라고 생각하기

② 떨림을 설렘으로

두려움 극복하기

실수해도 괜찮아요
조금 떨어도 상관없어요
마음이 무너지지만 않는다면
떨림은 곧 설렘이 됩니다
그저 즐기면 됩니다

설렌다

사람들 앞에 서면 불안한가요?
두렵다고 피할 필요는 없습니다.
두려워도 나아갈 필요가 있죠.

저는 떨리지 않습니다.
그저 설렘을 느낄 뿐이죠.

저는 손을 떨었던 것이 아닙니다.
설레는 마음에 몸이 반응한 것이죠.

두려움을 용기로
바꾸는 법

한때 발표에 대한 두려움이 너무 커서 사람들 앞에 서는 것조차 힘들었어요. 손이 떨리고 목소리가 흔들리며, 심장은 마치 폭발할 것처럼 두근거리기만 했죠. 특히 홈쇼핑 쇼호스트라는 새로운 도전을 앞두고는 불안이 극에 달했습니다. 홈쇼핑은 생방송으로 진행되기 때문에 발표 불안이나 무대 공포가 있는 사람에게는 기회조차 얻기 어려운 일이죠.

처음 공채 시험을 준비하면서 카메라 앞에서 말을 하는 것이 얼마나 어려운지 몸소 체험했습니다. 새 꿈을 위해 열심히 준비하고 면접 기회를 얻었지만, 극심한 공포에 떨며 그저 '덜덜덜', '어버버'만 하다가 나와야 했죠.

그 후로는 발표 불안을 극복하고 싶다는 마음이 간절해졌습니다. 그래서 발표 불안을 없애기 위한 다양한 책을 찾아보고, 유튜브에서 방법을 검색하며 거의 모든 방법을 시도해 봤어요. 심지어는 지하철에서도, 강남역 출구 앞에서도 자기소개를 했던 기억이 나네요.

그런데 아무리 노력해도 환경이 바뀌고 사람이 바뀌면 여전히 떨리더라고요. 발표 불안이 몰려올 때마다 속으로 '너무 떨린다… 그래도 떨지 말아야지!'라고 생각하곤 했지만, 몸은 여전히 떨리고 긴장이 되었습니다.

그런 저에게 기적을 안겨 준 단어가, 바로 '설렌다'라는 단어입니다. 저는 떨림과 불안을 '설렘'으로 바꾸어 생각하기 시작했어요. '지금 내가 손을 떠는 이유는 너무 설레서 그래', '내 목소리가 이렇게 흔들리는 이유는 너무 설레는 마음에 그래', '와! 내가 이렇게 가고 싶은 회사에 면접 보러 오다니 너무 설레네!'라고 마음속으로 되새기고 반복했죠. 이 단순한 생각 전환이 큰 변화를 일으켰습니다. 발표가 더 이상 두렵고 떨리는 것이 아니라 설레는 일이 되기 시작했어요.

인간의 뇌는 복잡하지만 동시에 단순하다는 말이 있어

요. 반복해서 긍정적인 생각을 하다 보면, 뇌는 그것을 사실로 받아들이기 시작합니다. 일종의 '셀프 가스라이팅'이라고 할 수 있습니다.

발표 불안은 하루아침에 사라지는 것이 아니에요. 평소 생각과 노력이 차곡차곡 쌓여 서서히 사라지는 거죠.

혹시 지금도 남들 앞에 설 때 피하고 싶고 두려운 마음이 드나요? 떨리는 몸과 마음을 억지로 붙잡으려 애쓰고 있나요? 이제는 그 떨림과 불안한 마음을 설레는 행복한 마음으로 바꿔 보세요. 거기서부터 기적이 시작됩니다.

스스로 뇌를
속이는 습관

 '좋은 습관을 만들고 싶다면 뇌를 먼저 속여라'라는 말이 있죠. 긍정적인 생각을 반복해서 되새기는 것이 뇌에 미치는 영향은 이미 많은 뇌과학자에 의해 연구되었습니다. 이 과학적 원리를 활용해 실질적인 변화를 만들어 보는 것이 필요해요.

 '일찍 잠들고 싶다면 매일 잠들기 전 따뜻한 차를 마셔라'는 말 들어본 적 있나요? 차를 마시는 것 자체도 몸을 이완시키는 데 도움이 되지만, 더 중요한 것은 잠들기 전의 '패턴'이 만들어진다는 거예요. 매일 같은 시간에 차를 마시면, 나중에는 차를 데우는 것만으로도 뇌가 잠잘 준비를 하게 됩니다.

러시아의 생리학자 이반 파블로프의 유명한 실험, '파블로프의 개' 실험과 비슷해요. 파블로프는 소화 작용을 연구하기 위해 실험 개의 침샘을 연구하던 중 개가 음식이 없이도 침을 흘리는 현상을 발견했죠. 그는 음식이 주어지기 전에도 개가 침을 흘린다는 사실을 확인했습니다. 그 후 이를 통해 '조건반사'를 연구하기 시작했습니다.

파블로프의 실험은 두 단계로 진행되었어요.

첫째, 개에게 음식을 주고 개가 침을 흘리는 것을 관찰했죠. 이후에는 음식을 주기 전에 종소리를 울리기 시작했어요. 처음에는 종소리에 아무 반응도 없었지만, 반복적으로 종소리와 음식을 연계시킨 후에는 종소리만으로도 개가 침을 흘리는 것을 확인했어요. 그 후 이 실험은 인간의 심리와 행동에도 유사하게 적용된다는 것이 밝혀졌죠.

뇌는 생각을 반복하고 특정 행동을 반복함으로써 자연스럽게 반응을 학습합니다. 제가 발표 불안이라는 '두려움'을 '설렘'으로 바꾸는 연습을 통해 큰 변화를 경험한 것처럼요. 두려움을 없애고 싶다면 억지로 밀어내는 것이 아니라 일종의 트리거가 필요해요. 부정적인 생각이 들 때마다 긍정적인 생각을 하면서 몸이 자연스럽게 긍정을 학습하게 유도하는 거죠. 평소 두려움을 많이 느낀다면 평상시 생각과 말의 습관을 먼저 돌아보면 좋겠습니다.

중요한 발표를 앞두고 평소 즐겨 듣는 편안한 음악을 감상하는 것도 도움이 됩니다. 또한 발표 연습을 할 때 미리 특정 향수를 써서 향기와 편안함을 학습시키는 것도 방법이죠. 불안한 장소에 서게 되었을 때 익숙한 향기나 음악을 들으면 마음을 빠르게 진정시킬 수 있습니다.

나만의 '장치'를 꼭 만들어 보세요.

③ 역설적인 심리

떨림 즐기기

떨림 없는 사람은 없습니다
두려움 없는 삶도 없습니다
어차피 부딪힐 문제라면
인정하고 부딪히고 용기 내어 즐기세요

지금
떨림을 즐기세요

불안을
즐겨 보세요

불안이 불편하긴 하지만,
그 속에 숨겨진 재미가 있습니다.

불안이 두렵긴 하지만,
그 안에 새로운 길이 있습니다.

불안이 찾아올 때,
피하지 말고
그냥 받아들여 보세요.

떨림이 찾아오고

걱정이 짙어질 때,
떨림 속에서 나를 느껴 보세요.
불안을 있는 그대로 즐겨 보세요.

에라
모르겠다

 2016년 빅뱅의 정규 3집 앨범에 수록된 타이틀곡 〈에라 모르겠다〉는 많은 사람에게 큰 인기를 끌었습니다. 신곡 발매 당시 빅뱅 멤버들의 인터뷰가 인상 깊었는데요. 작곡가와 멤버들이 곡에 대해 한참 고민하던 중 도저히 답이 안 나와서 "에라 모르겠다"라고 말한 것이 곡으로 탄생했다고 하죠.

 인생도 비슷한 상황을 종종 마주하게 됩니다. 살다 보면 답이 보이지 않고 답답할 때가 많습니다. 문제 해결을 위해 생각하면 할수록 한숨만 나올 때도 있죠. 그럴 때 '에라 모르겠다'라는 말은 마치 마법의 주문처럼 용기를 불어넣어 주기도 합니다.

답이 없는 상황에서 피하고 두려워하기보다는 일단 부딪혀 보는 것이죠. 발표도 마찬가지입니다. '어떻게 해야 떨지 않을까?', '어떻게 해야 실수하지 않을까?'를 고민하기보다는 '에라 모르겠다! 죽이 되든 밥이 되든 일단 해 보자!'라는 마음가짐이 때로는 용기를 주기도 합니다.

심리학에서는 '역설적 의도(Paradoxical intention)'라고 합니다. 부정적인 생각이 들 때 그 생각을 억누르지 않고 오히려 더 적극적으로 권장하는 기법이죠. 역설적 의도는 불안하거나 두려운 상황에서 오히려 그 상황을 적극적으로 직면하고 과장되게 상상하는 방법입니다.

다음 날 일찍 나가야 하는데 새벽까지 잠들지 못하는 상황을 생각해 보세요. 이때 억지로 잠들려고 애쓰는 대신 오히려 깨어 있으려고 버티는 것이죠. '에라이! 그냥 밤새고 나가야지!'라는 마음으로 책을 읽기 시작하면 나도 모르는 순간, 아침이 찾아옵니다.

이러한 심리 기법은 발표 상황에서도 동일하게 적용할 수 있습니다. 발표의 두려움을 애써 떨쳐 내기보다는 '나 오늘 발표에서 손을 100번은 넘게 떨 거야!', '오늘 말 엄청나게 버벅대며 계속 더듬을 거야!'라고 과장되게 상상하는 거죠.

그러면 실제로 그런 일이 일어난다고 해도 큰 문제가 아니라는 것을 깨닫게 됩니다. 최악의 시나리오를 상상하고 의도적으로 작은 실수를 경험하면서 완벽하지 않아도 된다는 것을 스스로 배우게 됩니다.

두려움은 내가 만들어 낸 허상에 불과합니다. 그 누구도 두려움을 강요하지 않았습니다. 두려움을 떨쳐내려고 애쓰는 대신, 차라리 두려움을 수용하고 있는 그대로의 나를 받아들이는 것이 좋습니다. 또한 완벽하게 해내지 않아도 된다는 것을 인정해야 합니다.

삶은 종종 '에라 모르겠다'라는 태도가 필요합니다. 오래 고민하다 보면 오히려 해결책이 보이지 않을 때가 많습니다. 이럴 때는 일단 시도해 보는 것이 중요합니다. 용기는 그렇게 생겨나고, 두려움은 그렇게 극복되는 것이니까요. 그러니 다음에 발표나 중요한 일을 앞두고 불안해진다면, 이렇게 외쳐 보세요.

> "에라 모르겠다! 그냥 해 보자!"

완벽하게 할
필요 없습니다

완벽하게 하고 싶다는 마음이 커질수록 우리 몸은 더 긴장하게 됩니다. 실수하지 않으려는 마음이 커질수록 몸은 더욱 경직되죠. 이를 '목적 떨림'이라고 부릅니다. 좁은 유리병에 물을 한 방울도 흘리지 않고 부어야 한다고 상상해보세요. 몸에 어떤 변화가 찾아올까요? 아마 손이 저절로 떨리는 것을 경험할 수 있을 겁니다. 실수 없이 목표를 달성해야 한다는 압박감이 커졌기 때문이죠.

많은 초보 운전자가 차선 유지를 어려워합니다. 눈앞의 차선에만 집중하다 보면 시야가 좁아지고, 한쪽에 맞추려다 보면 다른 쪽이 기울기 때문이죠. 그럴 때 운전 베테랑들은 시야를 멀리 두라고 조언합니다. 도로 중앙에 몸이 있다고 상상하고 시선을 멀리 두면 차선이 자연스럽게 맞춰지기 때문입니다.

발표도 마찬가지입니다. 발표의 목적은 무엇일까요? 떨지 않기 위함인가요? 실수하지 않기 위함인가요? 아니면 누군가를 설득하거나 자신의 실력을 보여 주기 위함인가요? 본질에 집중하는 것이 중요합니다.

설득을 위한 발표라면 사람들의 눈을 바라보고 말에 집중해야 합니다. 실력을 보여 주기 위한 자리라면 조사한 자료를 바탕으로 논리적으로 말하는 데 집중해야 합니다. 그러나 종종 목적이 아닌 '떨림'에만 집중하며 두려워하죠. 마치 멀리 시야를 보지 않고 눈앞의 차선만을 바라보는 것처럼 말이죠.

떨림은 억제하거나 잊으려고 해서 사라지는 것이 아닙니다. 내가 하는 일에 집중하다 보면 자연스럽게 해소됩니다. 발표를 하면서 한 시간 내내 긴장하는 사람은 거의 없습니다. 보통 발표 초반이나 중간에 불안이 찾아오는데, 그 시간은 비교적 짧은 순간입니다. 이 짧은 순간이 악몽처럼 느껴지는 이유는 완벽하게 하고 싶다는 마음 때문입니다.

'사람들이 나를 나쁘게 볼까?', '떨리는 모습을 들키면 어쩌지?' 같은 불안한 생각이 계속 꼬리를 물어 발표 내용이 아닌 불안에 집중하게 만듭니다. 발표를 모두 마친 후에도 실수한 장면들이 떠올라 나를 괴롭히게 되죠.

완벽주의를 버리고 가볍게 생각하는 것이 좋습니다. '손이 좀 떨려도 괜찮아', '목소리가 좀 떨려도 괜찮아', '발표 불안이 있어도 괜찮아'. '나는 내가 준비한 내용을 후회 없이 다 하고 내려올 거야'라는 마음가짐이면 충분합니다.

두려움 숨기기

약점 말하지 않기

물어보지 않은 말은
먼저 말하지 않습니다

말의 안개

발표의 순간,
"지금 긴장하고 있습니다"
이 말은 나의 실력을
안개 속으로 밀어넣고
청중의 시선을 멀어지게 하죠.

솔직함이
늘 빛나지는 않아요.
공식적인 무대에서는
자신감과 확신이 더 빛나죠.

불안의 그림자를 지우고

자신감의 불꽃을 켜는 순간,

말의 안개 속에서

나의 모습이 선명해질 것입니다.

자살골을
넣지는 말아요

  발표 불안을 다루는 방법의 하나로 '감정을 솔직하게 고백하라'는 것이 있습니다. 자신의 떨리는 마음을 청중에게 솔직히 밝히며 발표 분위기를 부드럽게 만들려는 취지에서 출발하죠. 자신의 불안을 유머러스하게 공개함으로써 발표의 긴장을 풀어 보자는 접근인데요. 일상적인 상황에서는 유용할 수 있지만 저는 이 방법이 항상 최선이라고 생각하지는 않습니다.

  발표 중에 "아… 제가 지금 많이 떨리고 긴장돼서 머리가 하얘졌습니다" 또는 "혹시 제가 실수하더라도 이해 부탁드립니다"라는 말을 사용하는 것은 '자살골 멘트'로 불리는데,

실제로 이러한 발언이 청중에게 어떤 인상을 줄 수 있는지 고민해 볼 필요가 있죠.

중요한 발표나 면접, 대회 같은 자리에서는 오히려 역효과를 낼 수 있습니다. 떨림을 고백하는 순간, 청중의 관심은 발표 내용보다 발표자의 불안한 상태에 집중하게 됩니다. 이는 발표자의 전문성과 신뢰도로 이어지게 되죠. 떨고 있다는 말을 듣게 되면 무의식적으로 청중은 떨고 있는 모습에만 눈길이 가기 때문입니다. 또한 발표 준비가 부족했다는 말을 듣게 되면 부실한 내용에만 신경이 쓰이겠죠.

발표 중에 나의 불안을 공개하면 무대의 전문성과 신뢰성을 떨어뜨릴 위험이 있으며, 특히 기업 회의나 중요한 학술 발표, 공식 행사에서는 발표자의 프로페셔널한 태도가 중요한 평가 기준이 됩니다. 그래서 감정의 솔직한 고백은 발표자의 신뢰도를 감소시키고 전문성을 부족하게 느끼게 할 수 있습니다.

그러나 모든 상황에서 이 방법이 무조건 나쁜 것은 아닙니다. 비공식적인 모임이나 친목을 목적으로 한 작은 이벤트에서는 발표자의 솔직한 모습이 귀여운 애교로 작용할 수 있죠. 이때는 청중과의 공감대를 형성하고 분위기를 유연하게 만드는 데 도움이 될 수 있습니다.

발표 불안을 다루는 방법은 상황과 청중에 따라 달라질 수 있습니다. 그래서 각 상황에 맞는 적절한 대응 방식을 선택하는 것이 중요합니다. 하지만 대부분의 행사에서는 내용에 집중하여 메시지 전달을 최우선으로 하는 것이 좋습니다. 자신감 있는 태도를 보여 주는 것이 훨씬 효과적이죠.

자신감도 습관입니다. 항상 당당하고 멋진 자세로 발표하는 모습을 자주 상상해 보세요.

불안을
열정으로

1. 불안

불안으로 표현 ▶ "제가 지금 많이 긴장하고 있습니다. 부족하지만 잘 부탁드립니다."

열정으로 표현 1 ▶ "지금 좀 긴장이 되긴 하는데요. 후우!~ 그만큼 이 발표를 잘하고 싶습니다. 집중해서 들어주세요!"

열정으로 표현 2 ▶ "긴장되는 순간이지만, 이 발표가 저에게 얼마나 중요한지 여러분에게 보여드리고 싶습니다! 이 열정이 여러분에게도 전달되기를 바랍니다."

2. 떨림

불안으로 표현▶ "제가 지금 긴장해서 손이 너무 떨리네요. 실수하더라도 이해 부탁드려요."

열정으로 표현 1▶ "손이 살짝 떨리는데요, 하하하. 이건 제가 이 발표를 정말 중요하게 생각한다는 신호예요. 그만큼 열심히 준비했습니다."

열정으로 표현 2▶ "많은 분 앞에서 발표하니 많이 설레네요. 몸이 살짝 떨리지만 설레는 마음으로 오늘 발표 시작하겠습니다!"

3. 경험 부족

불안으로 표현 ▶ "이 주제에 대한 경험이 부족해요. 혹시 부족한 부분이 있더라도 고려해 주세요."

열정으로 표현 1 ▶ "경험이 좀 부족할 수도 있지만, 그 대신 새로운 시각에서 접근했습니다. 부족한 자료는 피드백 주시면 바로 보충하겠습니다.

열정으로 표현 2 ▶ "경험이 부족할 수 있지만, 이를 보완하기 위해 열심히 연구했습니다. 새로운 관점에서 접근했으니, 여러분의 의견을 기다리겠습니다!"

자신감 있는 말투

당당하게 말하기

자신감은 외부의 인정이 아닌
내면의 확신에서 찾아와요
나를 먼저 믿어요

자신감을
키우는 법

하고 싶은 말을
하고 싶을 때 하기 위해서는
해야 할 말을
해야 할 때 해야 합니다.

말할 용기를 키우고,
끊임없이 연습하는 것,
그것이 자신감을 키우는 방법입니다.

자신감 있게
말하는 법

    자신감의 첫걸음은 자기표현을 명확히 하는 거죠. 하지만 많은 사람이 중요한 순간에 자신감 없는 말을 하곤 합니다. '괜찮을 것 같아요'나 '그런 것 같네요' 같은 표현은 상대방에게 불확실성을 남기고, 나의 의견을 모호하게 만들죠. 이런 습관은 사회적인 이미지를 만드는 데 방해가 될 수 있어요. '즐거운 것 같아요'나 '기분이 나쁜 것 같아요' 같은 표현이 바로 그 예죠.

    자신 없는 표현은 상대방의 기분을 지나치게 신경 쓰거나 본인의 말에 확신이 없을 때 주로 나타나게 됩니다. 애매한 화법은 습관이 되어 자신의 이미지를 결정짓기 때문에 개선이 필요하죠.

자신감을 가지고 확고하게 말하는 것은 상대방에게 확신을 주고 신뢰를 쌓는 데 도움을 줍니다. 문장을 간단명료하게 끝내는 습관을 들이는 것이 좋습니다. '인데요'보다는 '입니다'라고 말하는 게 더 확신 있게 들립니다. 문장을 명확히 결론짓는 것은 자신감 있는 소통을 위해 꼭 필요한 방법입니다.

요즘은 자기 PR 시대라고 하는데, 자신을 효과적으로 표현하지 못하면 높은 평가를 기대하기 어려워요. 해야 할 말을 자신 있게 전달하는 게 중요하고, 이 당당함은 평소의 습관에서 비롯되죠. 내면이 아무리 자신감으로 가득 차 있어도 말투에서 자신감이 드러나지 않으면 다른 사람들은 자신감 없는 사람처럼 느낄 수 있습니다.

'~인 것 같아요' 같은 표현은 책임을 피하려는 인상을 줄 수 있죠. 물론 의도적으로 회피하는 상황에서는 괜찮을 수도 있지만, 습관적으로 사용한다면 고치는 게 좋습니다. '~같아요'라는 추측이나 불확실함을 표현하는 말입니다. 또한 '맛있니?'라는 질문에 '맛있는 것 같아요'라고 대답하면 상대방에게 오해를 불러일으킬 수 있습니다.

세계적인 경영학자 피터 드러커는 인간에게 가장 중요한 능력으로 '자기표현'을 꼽았습니다. 자신감 있는 표현은 개인적 성취를 넘어서 직업적 성공에도 큰 영향을 미칩니다. 명확한 표현과 확신 있는 태도는 커뮤니케이션에 있어서 굉장히 중요한 일입니다. 문장을 명확히 결론짓고 애매한 표현을 피하며 자신감 있게 말하는 게 정말 중요하죠.

　자신감을 가지고 당당하게 말하는 습관을 길러야 합니다.

자신감 있는
말하기 연습

　자신감 있게 말하는 것은 일상생활, 학교, 인간관계에서 매우 중요합니다. 말을 두서없이 끝내거나 상대방의 눈치를 보며 말하는 습관이 있다면 좋은 인상을 남기기 어렵죠. 반면 자신감 있게 말하는 사람은 원하는 것을 확실히 이루고, 매력적인 사람으로 기억됩니다. 일상이 더 흥미롭고 재미있어집니다.

　말 한마디의 힘은 메시지가 아닌 말하는 사람의 확신과 태도에서 나옵니다. 말하기가 어려운 이유는 할 말이 없어서가 아니라 할 말을 자신 있게 꺼내는 연습이 부족하기 때문이죠. 매일 큰 소리로 연습하고 노력하면 단기간에 변화를 기대할 수 있습니다.

1. 생각 정리하고 큰 소리로 말하기

말이 어려운 사람들은 머릿속 생각이 엉켜서 장황하게 말하거나 아예 말을 포기하곤 합니다. 그래서 말하기 전에 요점을 정리하고 핵심 메시지를 확실히 해야 합니다. 말할 주제를 1~2문장으로 요약해 보세요. 어떤 내용을 전달하고 싶은지 명확히 정리하면 자신감이 생깁니다. 또한 글로 적어 보고 소리 내어 읽어 보는 연습이 필요합니다. 글로 정리할 수 없다면 말로 꺼내기는 더욱 어렵습니다.

> [연습 방법]
> 책을 읽고 마음에 드는 문장을 고른 후 생각을 정리해서 글로 작성합니다. 그 후 큰 소리로 말하는 연습을 해 보세요. 1~2줄의 짧은 문장에 본인의 생각을 더해 친구에게 설명하듯 말하는 연습을 합니다. 이때 중요한 것은 말하기에 자신감을 얻는 것입니다. 처음부터 매끄럽게 말하는 것을 기대할 필요는 없습니다. 당장 논리적이지 않더라도 짧은 문장을 보고 생각을 더해 정리하는 연습이 핵심입니다. 그리고 정리된 내용을 큰 소리로 소리 내어 보는 것이 중요합니다.

2. 롤모델 따라 하기

롤모델을 정해서 그들의 말하는 태도와 표현 방식을 따라 해 보세요. 아나운서, 배우, 라디오 DJ, 성우, 크리에이터 등 누구든 상관없습니다. 닮고 싶은 모습을 가진 사람을 따라 해 보세요. 영어 실력을 키우기 위해 미드를 보며 섀도잉하는 것과 비슷합니다. 우리말도 섀도잉하면 스피치 실력이 좋아질 수 있습니다. 그들의 제스처, 표정, 말의 속도, 억양과 톤, 말투를 그대로 따라 하는 연습을 하면 좋습니다.

> [연습 방법]
> 먼저, 마음에 드는 30초에서 60초 사이의 영상을 반복해서 똑같이 말하는 연습을 해 보세요. 하나의 영상을 마스터했다면 또 다른 느낌의 롤모델을 찾아 섀도잉하면 좋습니다. 이런 훈련이 반복되면 다양한 표현 방식을 체득할 수 있습니다.

3. 일상에서 자신감 있게 말하기

말하기에 어려움이 있다면 일상에서부터 조금씩 개선해 보세요. 편한 친구와 대화할 때, 배달 음식을 주문할 때, 혼자 있을 때도 자신감 있게 말해 보세요.

[연습 방법]

운전할 때 혼자 중얼중얼 큰 소리로 말하는 연습을 해 보세요. 주변에 보이는 간판이나 글자들을 큰 소리로 읽어 보며 문장으로 만들어 내는 연습을 하세요. 또한 가족이나 친구에게 자신의 의견을 분명히 표현하는 연습을 해 보세요. 저녁 메뉴를 정할 때 "난 피자가 먹고 싶어"라고 분명하게 말해 보세요. 작은 결정을 할 때마다 의견을 분명히 표현하는 습관을 길러 보세요.

당당한 자세

자신감을 만드는 몸짓

용기란
마음에서 나옵니다
어쩌면
자세에서 나옵니다

마음이 흔들릴 때
고개를 들고 가슴을 활짝 열어
세상을 바라봅니다

척하다 보면
그렇게 된다
: Fake it till you make it

 최근 수많은 성공 관련 자기 계발 책들이 쏟아져 나오고 있습니다. 수백억대 자산가부터 엄청난 매출을 자랑하는 CEO까지 다양한 분야의 성공한 사람들이 부자가 되는 법을 강의하고 있습니다. 그런 그들이 공통으로 하는 말이 있죠.

> "성공한 것처럼 행동하고 생각해라."

 이 말은 단순히 부자 행세를 하라는 의미가 아닙니다. 자기 확신을 가지고 매일 성공한 인생을 상상하라는 의미에 가깝죠. 이는 단순히 사회적인 성공에만 적용되는 것이 아닙니다. 발표나 면접과 같은 떨리는 상황에서도 적용되는 말입니다.

미국 하버드대학교의 사회심리학자 에이미 커디 교수는 '파워 포즈'라는 연구를 발표했습니다. 자신감 있는 자세를 취하는 것이 실제 호르몬 변화와 자신감 향상을 가져온다는 연구였죠. 이 연구는 자신감과 스트레스 관리에 있어서 자세가 얼마나 중요한지를 강조합니다.

파워 포즈 실험은 참가자들이 2분 동안 자신감 있는 자세를 취한 후 그들의 호르몬 수치와 행동 변화를 측정하는 방식으로 진행되었습니다. 결과는 굉장히 놀라웠습니다. 참가자들이 파워 포즈를 취한 후 스트레스 호르몬인 코르티솔 수치는 감소하고, 자신감과 관련된 자신감 호르몬인 테스토스테론 수치는 증가하였습니다. 코르티솔 수치의 감소는 스트레스와 불안이 줄어드는 것을 의미하며, 테스토스테론 수치의 증가는 자신감 향상을 의미합니다.

이 연구 결과는 단순히 일시적인 기분 변화에 그치지 않습니다. 파워 포즈를 통해 호르몬 수치가 변하면서, 실험 참가자들은 더욱 자신감 있게 행동하고 중요한 결정을 내릴 때 더 대담해지는 경향을 보였습니다. 이는 자신감이 있어야 하는 상황에서 큰 도움이 될 수 있습니다. 특히 중요한 발표나 면접과 같은 순간에 활용할 수 있죠.

에이미 커디 교수는 이러한 연구 결과를 바탕으로 테드 강연에서 바디랭귀지의 중요성을 강조했습니다. 그녀는 자신감 있는 사람과 자신감 없는 사람이 보여 주는 비언어적인 행동의 차이점을 설명했으며, 자신감이 넘치는 사람은 몸동작을 크게 하며 열린 자세를 취했다고 말했습니다.

이때 몸에서는 테스토스테론이 높아지고 코르티솔이 감소하는 것을 확인할 수 있었습니다. 반면 자신감이 부족한 사람들은 몸을 움츠리고 닫힌 자세를 취했는데, 그 결과 테스토스테론 수치는 낮아지고 코르티솔 수치는 높아졌습니다.

평소 무의식적으로 취하는 자세에 따라 신체에 변화가 있다는 것이죠. 실제로 위풍당당한 자세를 2분 동안 취한 사람들은 호르몬 수치가 긍정적으로 변화되었습니다. 또한 참가자를 대상으로 한 모의 면접에서도 파워 포즈를 취한 참가자들이 더 좋은 평가를 받았습니다. 에이미 커디 교수는 이러한 연구 결과를 바탕으로 불안한 상황이 발생했을 때 의도적으로 자신감 넘치는 포즈를 취해 자신의 뇌를 속일 수 있다고 말했습니다.

자신감 있는 자세를 취하는 것은 단순히 외형적으로 보이는 것뿐만 아니라 내면에도 긍정적인 변화를 가져옵니다. 자기 몸을 어떻게 사용하는지가 나의 마음 상태에 직접적인 영향을 미친다는 것이죠.

• **올바른 자세** : 좋은 자세는 척추를 지지하고 호흡을 원활하게 하여 안정적인 호흡을 가능하게 합니다. 올바른 자세는 정신적인 안정과 자신감을 높이는 데 도움이 됩니다.

• **시선과 각도** : 눈을 마주치며 턱을 살짝 들어 올리는 것은 자신감을 나타내는 신호입니다. 이는 타인에게 자신감 있고 준비된 사람이라는 인상을 줍니다. 물론 고개를 너무 높게 들어도 다소 차가운 인상을 줄 수 있습니다. 턱을 억지로 높게 들기보단 가슴을 들어 활짝 열어 준다는 느낌으로 하면 최적의 자세를 취할 수 있습니다.

• **제스처 사용** : 제스처를 쓸 때는 쭈뼛거리기보단 힘 있고 당당하게 확실한 의도를 갖고 쓰는 것이 좋습니다. 양 손바닥이 보이게 팔을 양쪽으로 벌리면서 크고 당당한 자세는 신뢰와 자신감을 표현할 수 있습니다. 또한 테이블 위에 손을 올려놓는 등의 제스처는 개방적이고 자신감 있는 모습을

보여 줍니다.

- **파워 포즈 연습** : 중요한 순간 전에 2분 동안 파워 포즈를 취하는 습관을 들여 보세요. 이는 심리적으로 큰 차이를 만들어 줄 수 있습니다. 기지개를 켜며 크게 스트레칭을 하는 것도 도움이 됩니다.

자신감을 키우기 위해서는 평소 자세가 매우 중요합니다. 몸의 자세를 바꾸는 작은 행동만으로도 호르몬 수치와 마음 상태에 긍정적인 변화를 가져올 수 있습니다. 'Fake it till you make it'이라는 말처럼 자신감 있는 자세를 지속해서 유지하다 보면, 그 자신감은 진짜가 될 것입니다.

파워 포즈

 슈퍼맨 자세

↳ 양발을 어깨너비로 벌리고 서서 두 손을 허리 양쪽에 올리고 가슴을 앞으로 내밀며 상체를 펴 줍니다.

 승리의 자세

↳ 양팔을 하늘로 높이 뻗어 V자 모양을 만들고, 발을 어깨너비로 벌리고 서서 활짝 웃습니다.

 **개방된 자세**

ㄴ 양팔을 옆으로 벌리고 손바닥을 위로 향하게 하며, 몸을 곧게 펴고 서서 호흡을 깊게 합니다.

● 에필로그

세상에 완벽한 정답이란 없습니다.
저의 정답이 누군가에겐 오답이 되고
누군가의 정답이 때로는 오답이 되기도 하죠.
그런데도 우리는 정답을 향해 나아갑니다.
더 나은 사람이 되기 위해 노력합니다.

말에도 정답이 없습니다.
다양한 변수가 있죠.
그런데도 우리는 오해를 줄이려 노력합니다.
더 나은 관계를 위해 소통합니다.

저의 이야기가
당신에게 용기를 주고
누군가에게 위로를 주며

작은 나침반이 되어 준다면
저는 그것으로 충분합니다.

우리,
오늘부터 예쁘게 말해요

오늘의 말씨,
매우 맑음입니다.